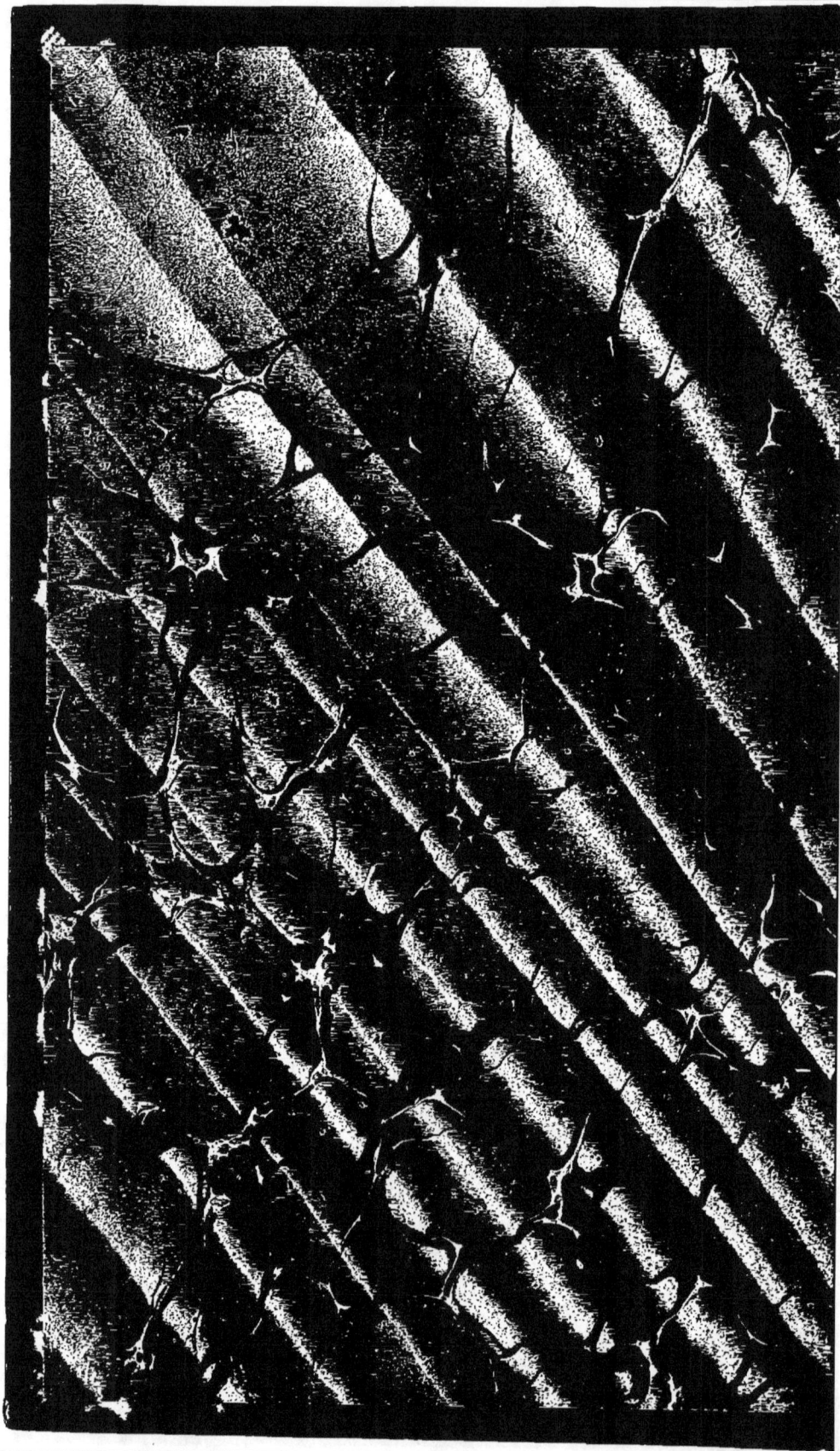

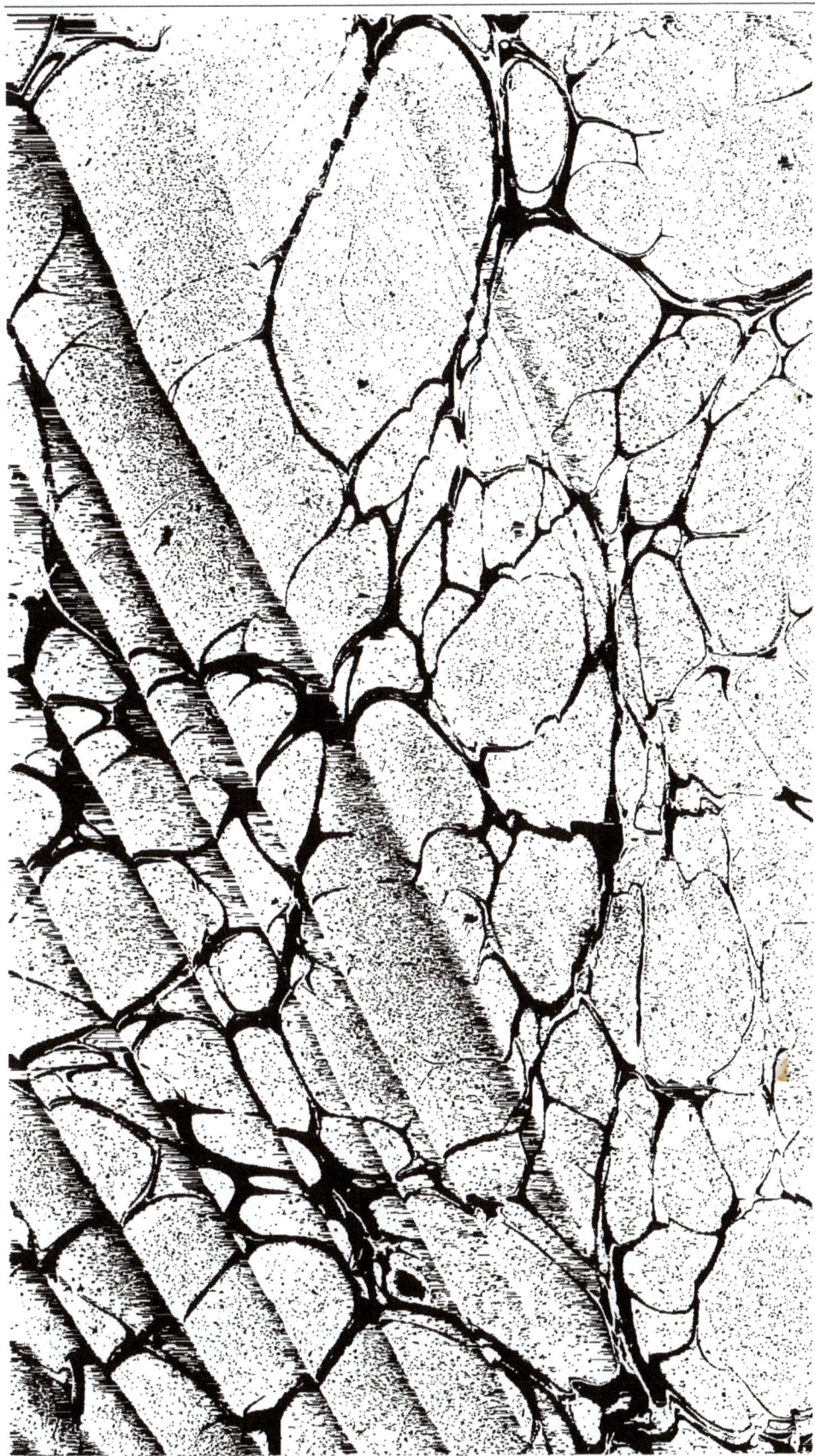

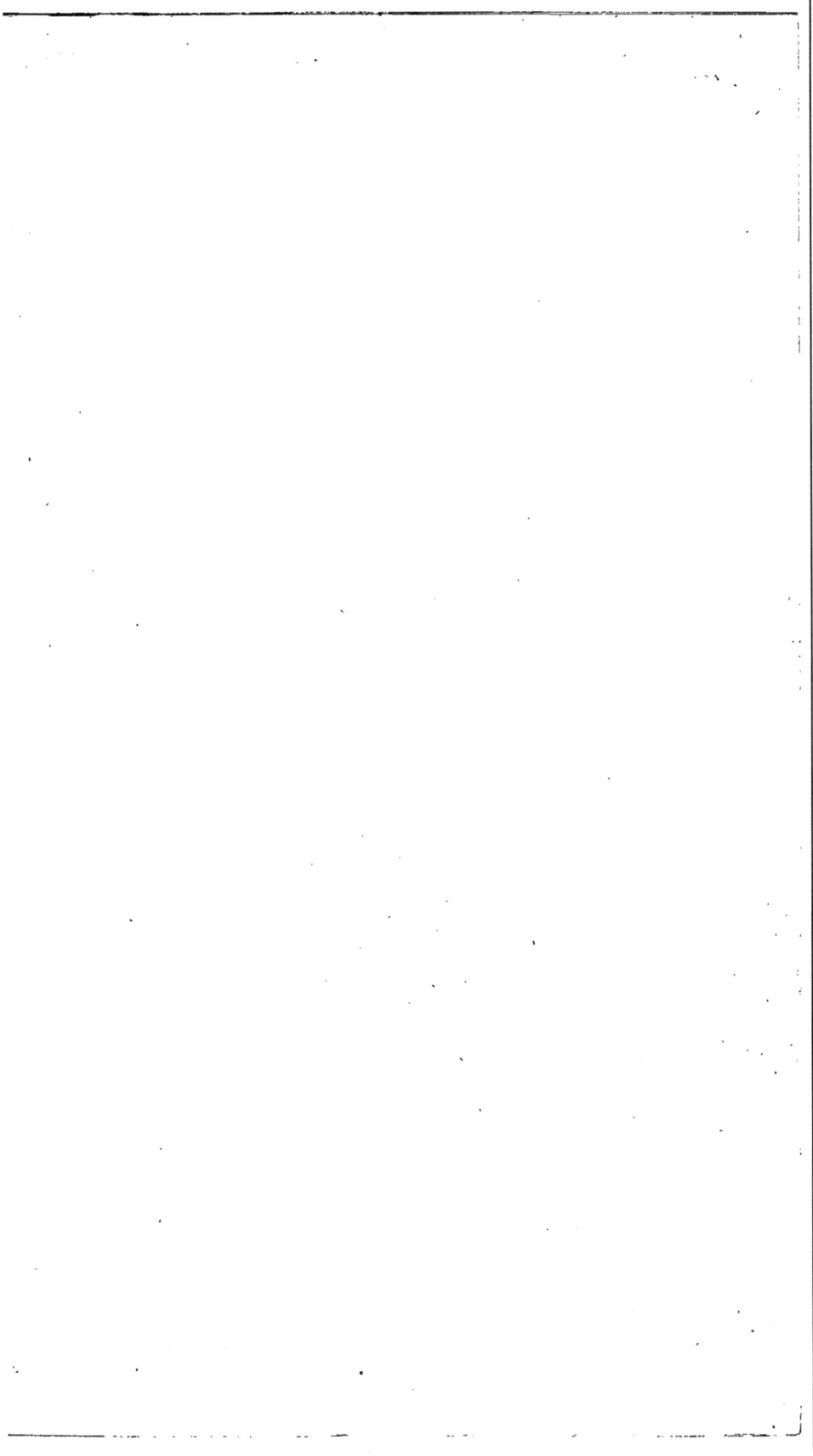

29839

MÉTHODE

ÉLÉMENTAIRE

DE COMPOSITION,

AVEC DES EXEMPLES TRÈS-NOMBREUX ET TRÈS-ÉTENDUS
POUR APPRENDRE DE SOI-MÊME À COMPOSER TOUTE
ESPÈCE DE MUSIQUE ;

Par J.-Georg. ALBRECHTSBERGER,

Organiste de la Cour Impériale de Vienne, Maître de Chapelle
de l'Église Cathédrale de Saint-Étienne de cette ville.

TRADUIT DE L'ALLEMAND,

ENRICHI D'UN GRAND NOMBRE DE NOTES ET D'EXPLICATIONS ;

Par M. A. CHORON, Écuyer,

Ancien Chef de Brigade à l'École Polytechnique, Correspondant de
l'Institut de France, Auteur de plusieurs Traités sur la Musique.

TOME SECOND.

PARIS,

Mme Ve COURCIER, Impr.-Libr. pour les Mathématiques
et la Marine, quai des Augustins, n° 57.

1814.

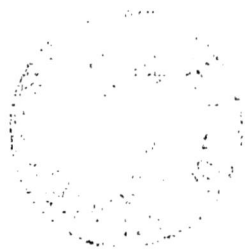

MÉTHODE

ÉLÉMENTAIRE

DE COMPOSITION

Fig.1.

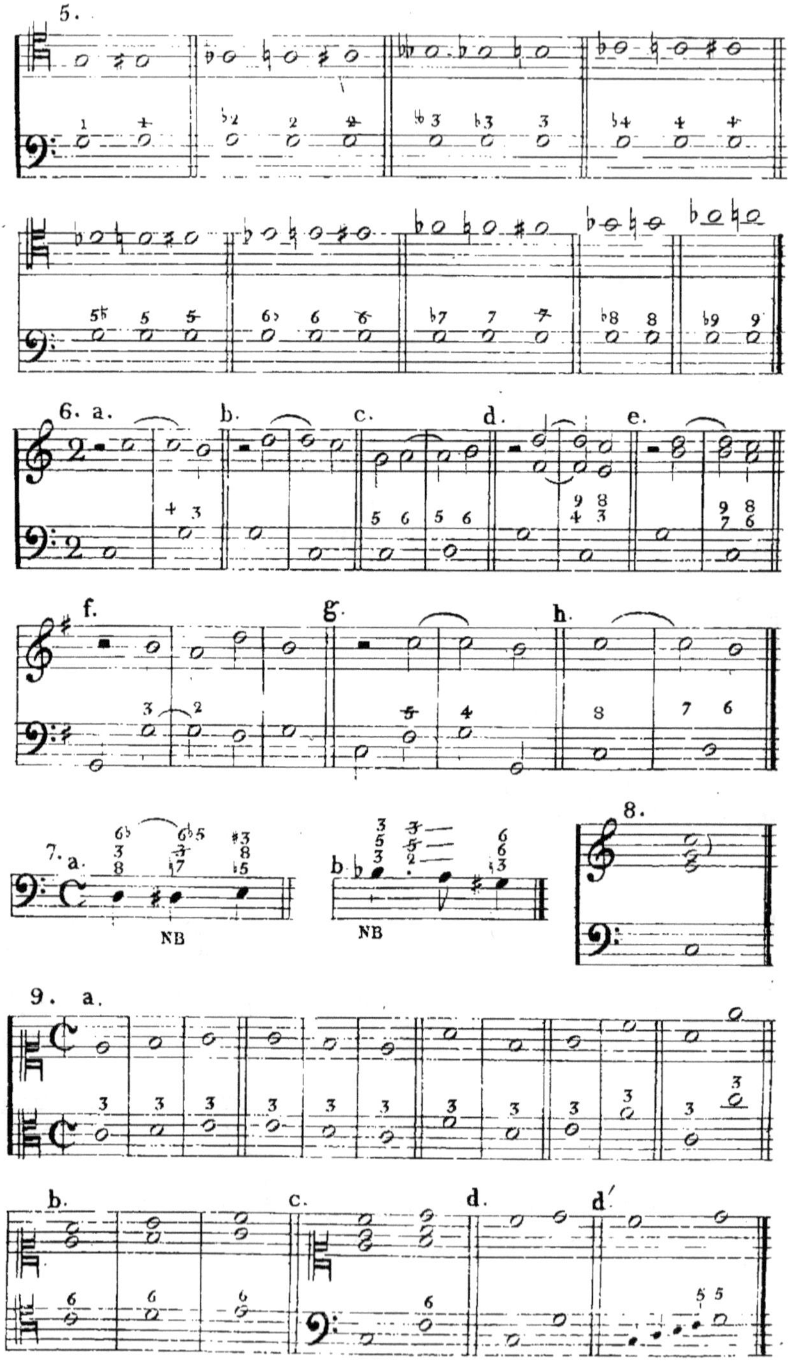
5.
6. a.
b.
c.
d.
e.
f.
g.
h.
7. a.
NB
b
NB
8.
9. a.
b.
c.
d.
d′

10. a.

b.

c.

11. a.   b.

c.

12. a.

b.

13. I.   II.   III.   IV.   V.   IV.

(a) (b) (a) (b)   (a) (b)   (a) (b)   (a) (b)   (a) (b)
1^e. 2^e. 3^e. 4^e. 5^e. 6^e. 7^e. 8^e. 9^e. 10^e. 11^e. 12^e.

4

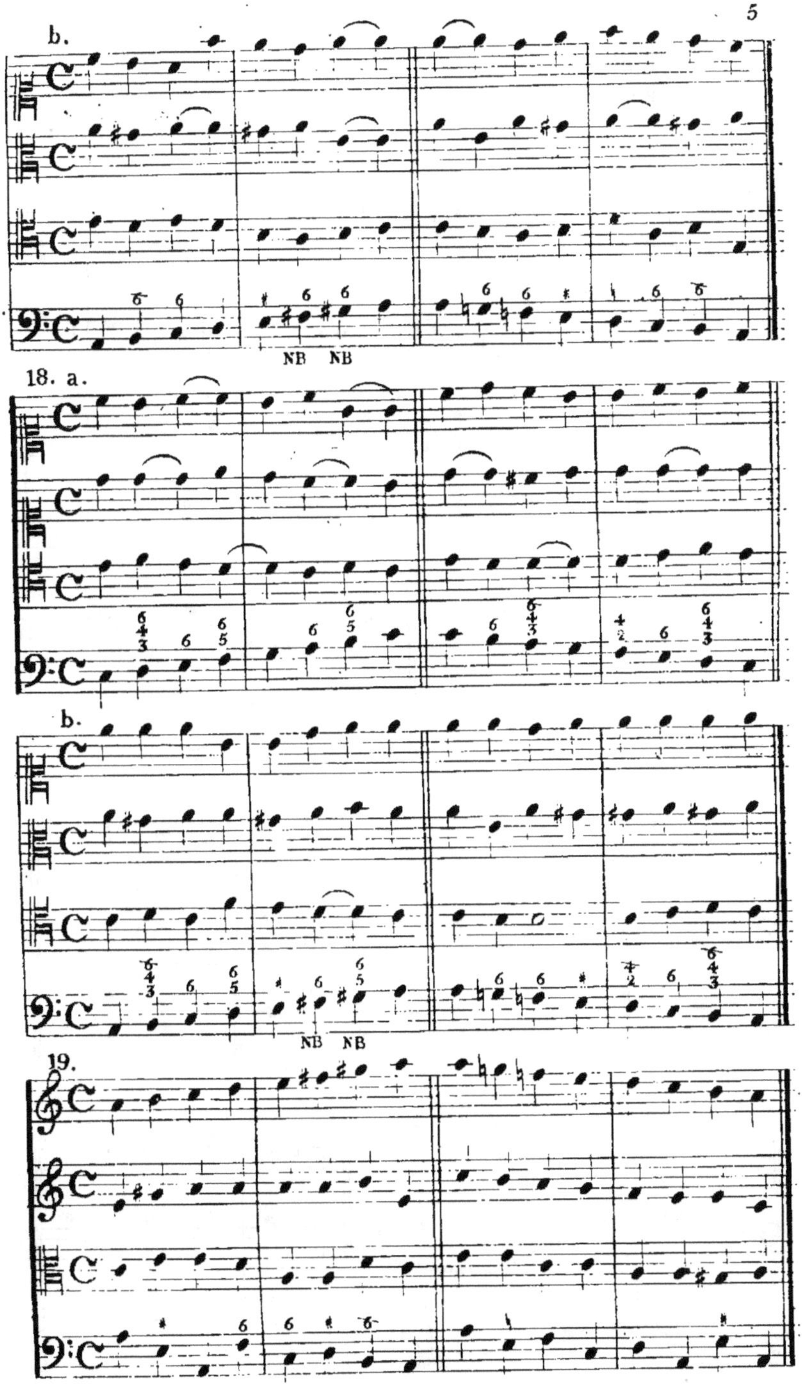
b.
NB NB
18. a.
b.
NB NB
19.

6

20. Andante.

21. a. a^I a^{II} a^{III} a^{IV}

b. b^I b^{II} b^{III}

b^{IV} b^V

22. a. b. c. d. e.

f. g. h. i.

23. a. b. c. d. e. f.

24. a. b. c. d. e. f.

25.

26. NB. tr Org. tr

Do - na no - bis pa - cem.

Do - mi - ne fi - li u - ni ge - ni - te

Organo.

27.

in motu contrario.

Cadenze.

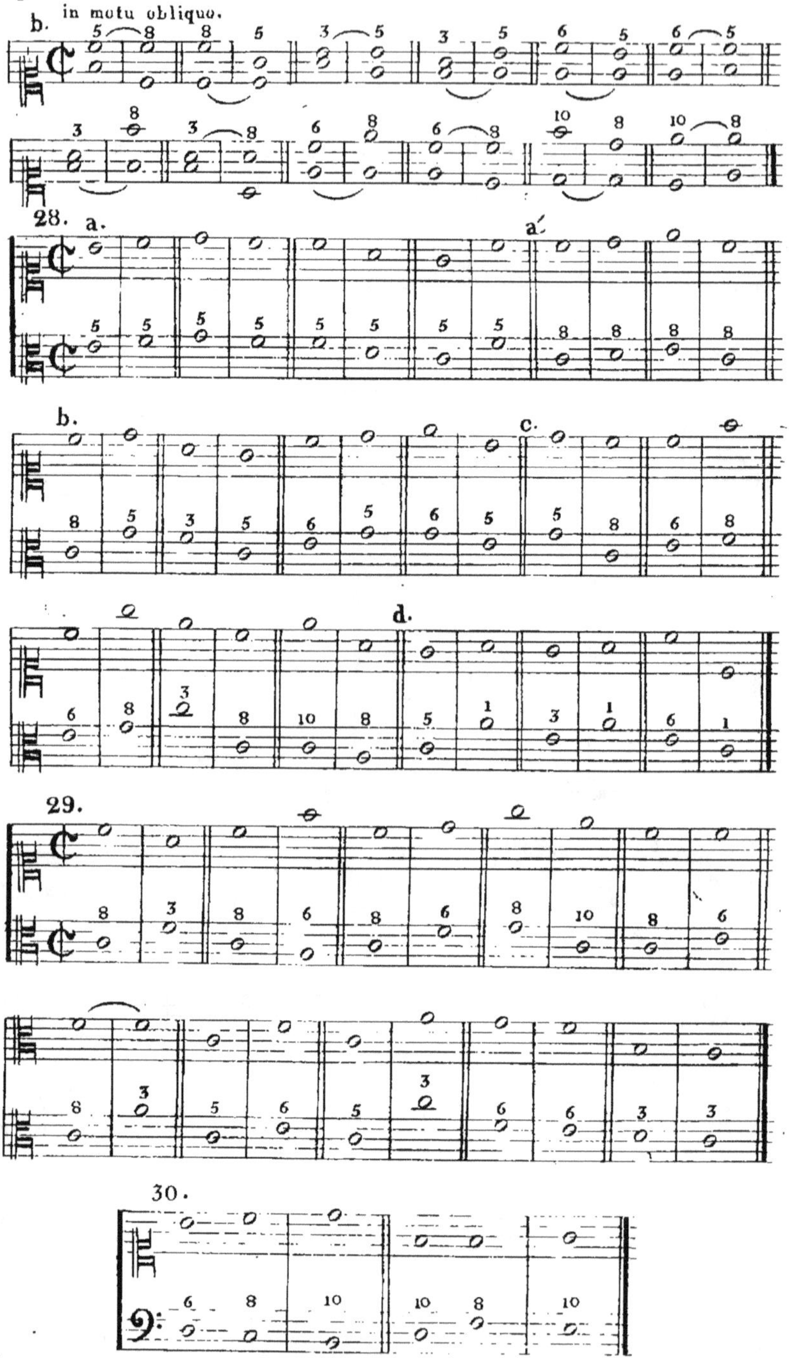
b.
in motu obliquo.
28.
a.
a'
b.
c.
d.
29.
30.

31. a. Mal. a.′
b. Bien. b.′
c. Mal.
c.′ Mal.
d. Bien. d.′
e. Mal. e.′
f. f.′
32. a. Mal.
b. Bon à la fin.
33. Mal.
Mal.

10

40. a. Cadenza.
Inganni.
au lieu
de
b.
41. a. Style sév.
b. Style lib.
42. a St. sév.
b. St. lib.
43. a. St. sév.
b. St. lib.

44.
45. Sujet.
Ctrpt
46. Suj.
Ctrpt
NB
47. Ctrpt
Suj.
48. a. b. a.' b.'
NB.
NB.
Mal.
49. a. b. a.' b.' c.'
50. a. b.
51.
NB.
NB.
NB. NB.

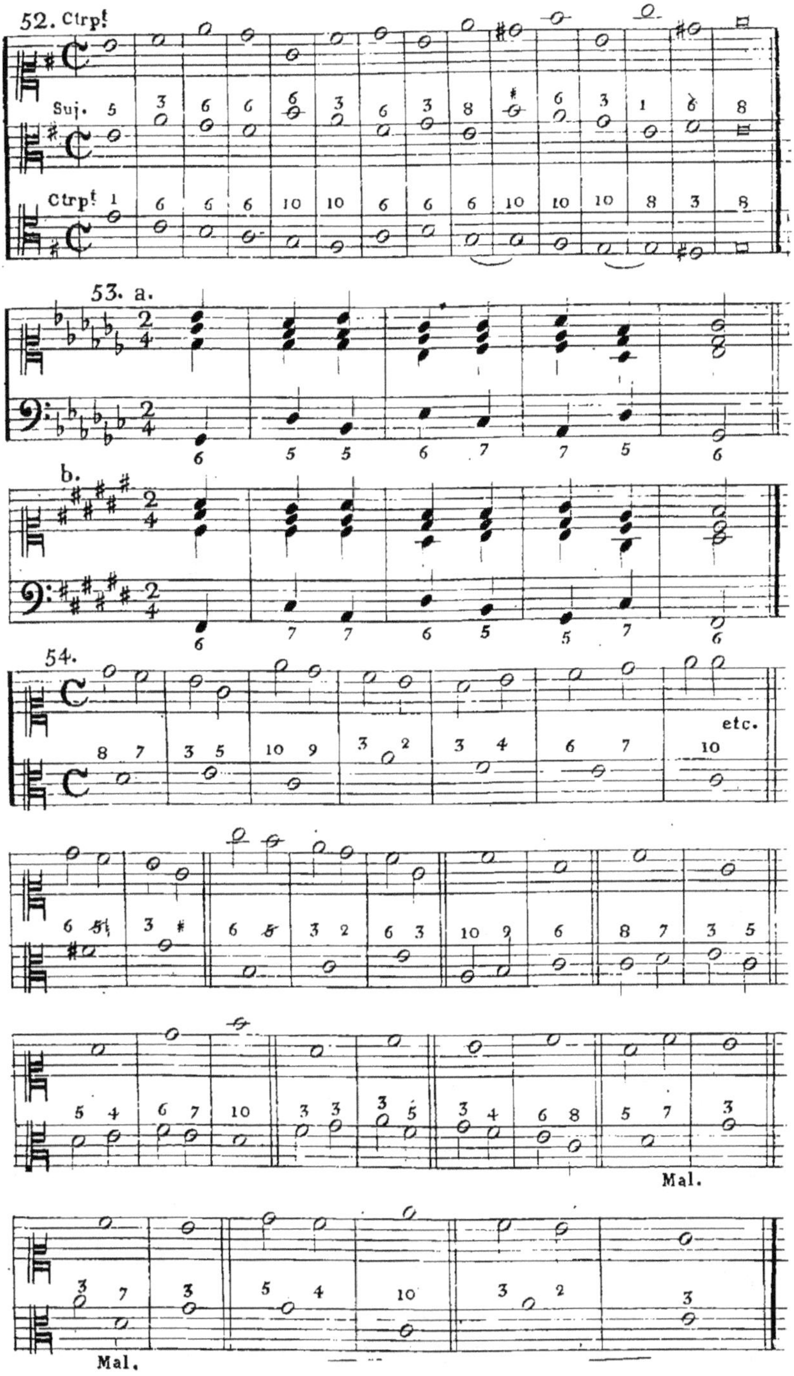
52. Ctrp!
Suj.
Ctrp!
53. a.
b.
54.
etc.
Mal.
Mal.

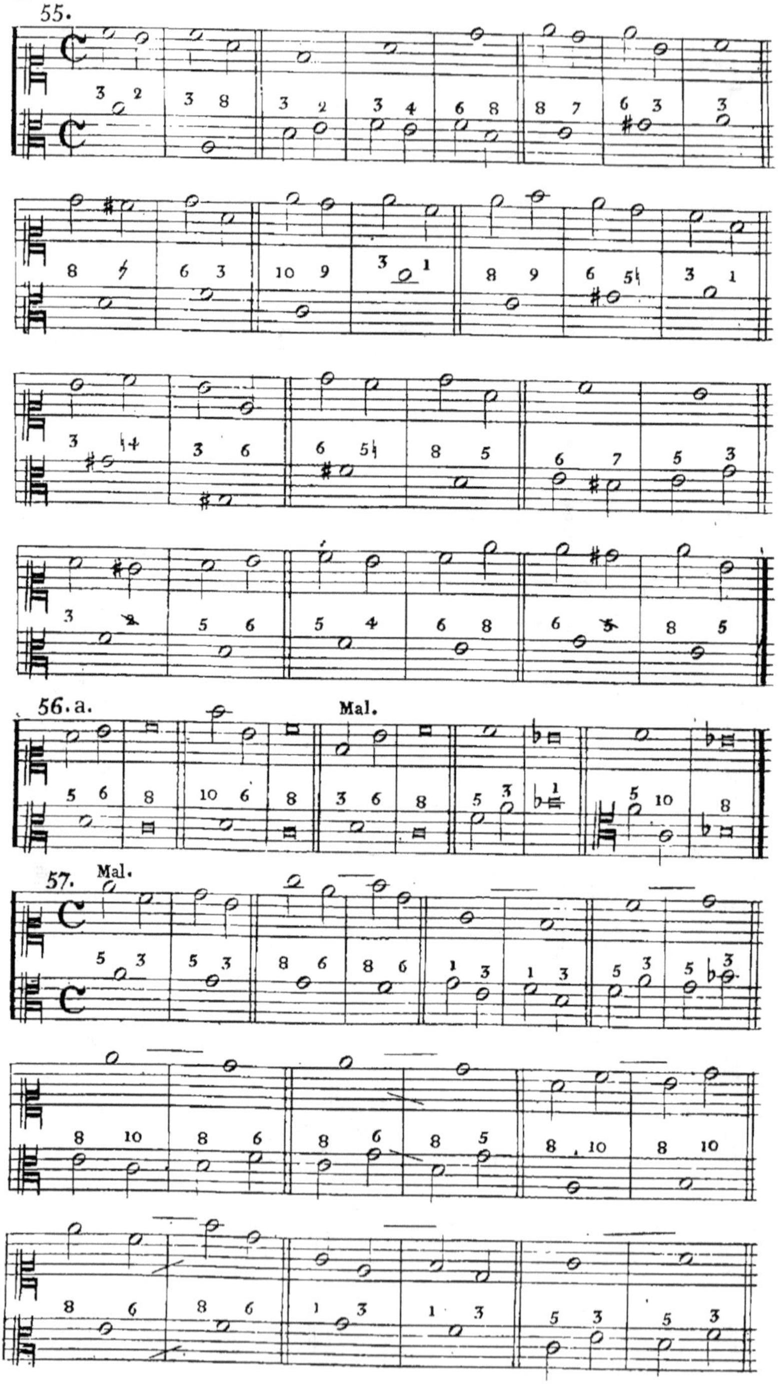
55.
56. a.
Mal.
57.
Mal.

58. Bon.
8 5 8 5 5 8 5 8 5 8 5 8
59. Bon.
3 5 3 5 10 8 10 8 3 1 3 1 3 5 3 5
6 8 6 8 10 8 10 8 3 1 3 1
60.a.
6 5 3 1 8 7 5 3
Suj.
b.
Suj.
8 1 3 4 6 3 5 6 8 10
61. Mal. Bon. Mal. Bon.
Mal. Bon. Pass. Bon. Bon.

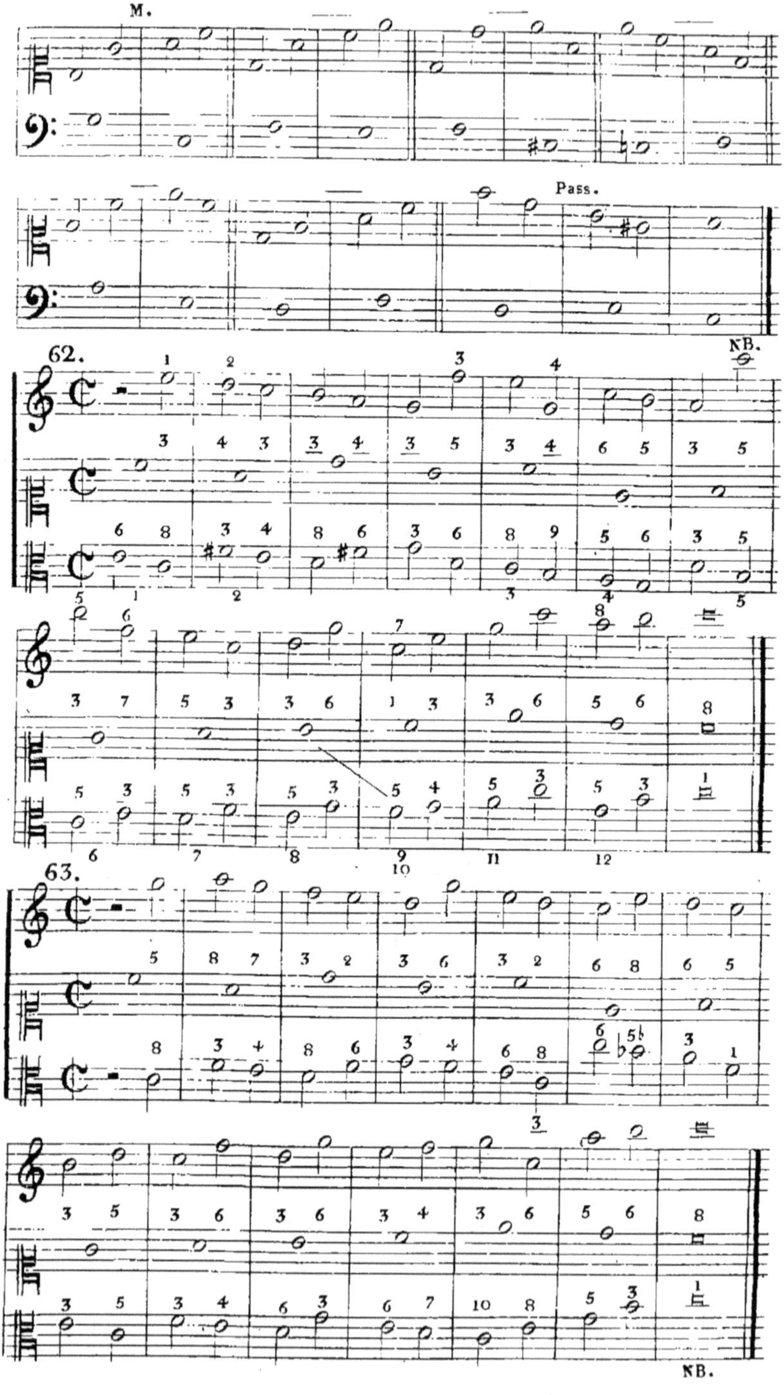
M.
Pass.
62.
NB.
63.
NB.

64.

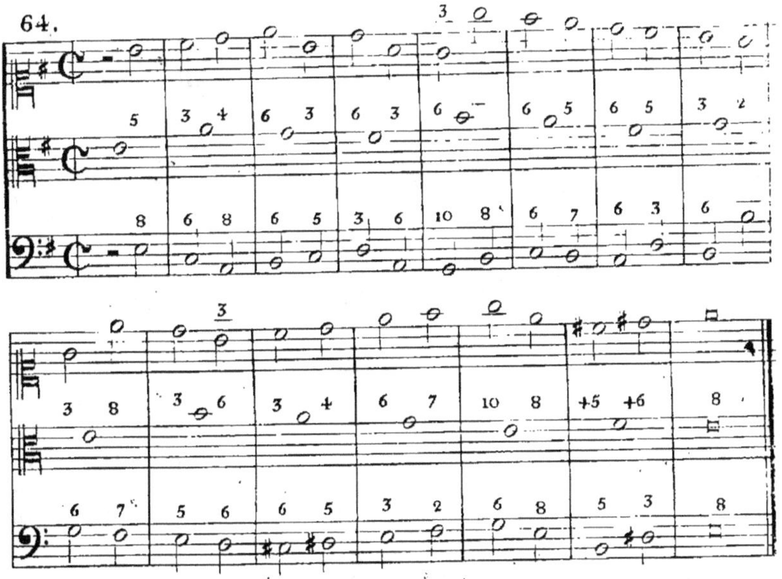

65.

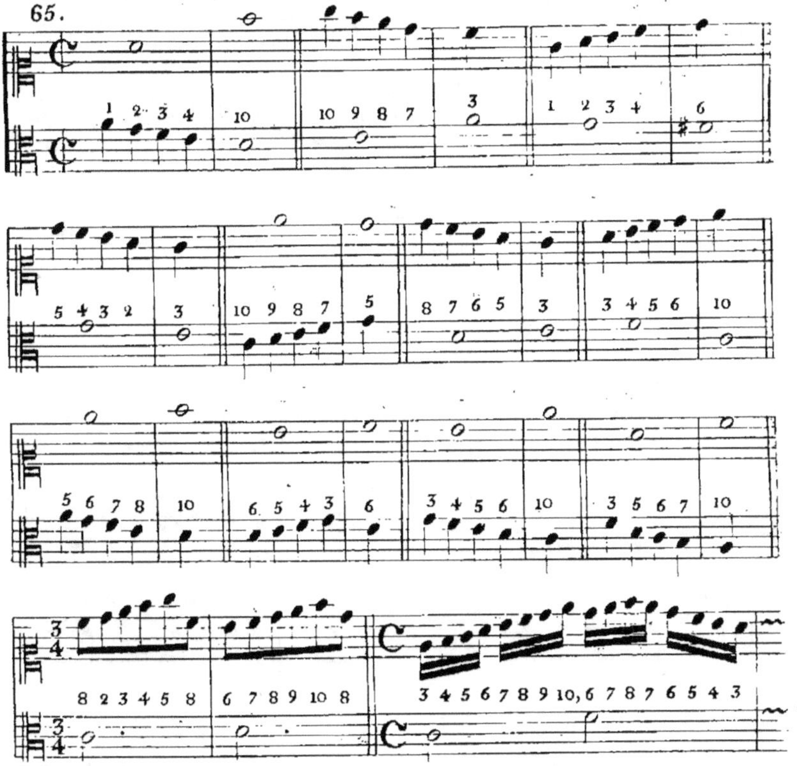

66. a. b. c. d.
e. f. g. h.
i. j. k. l.
m. n. o. p.
q. r. s. t. Mal.
u. Bon. v. Bon. x. NB
Bon en terminaison.
67. a. Mal. b. c. d.
e. f. Bon. g. Mal.
68.
69. a.
b.

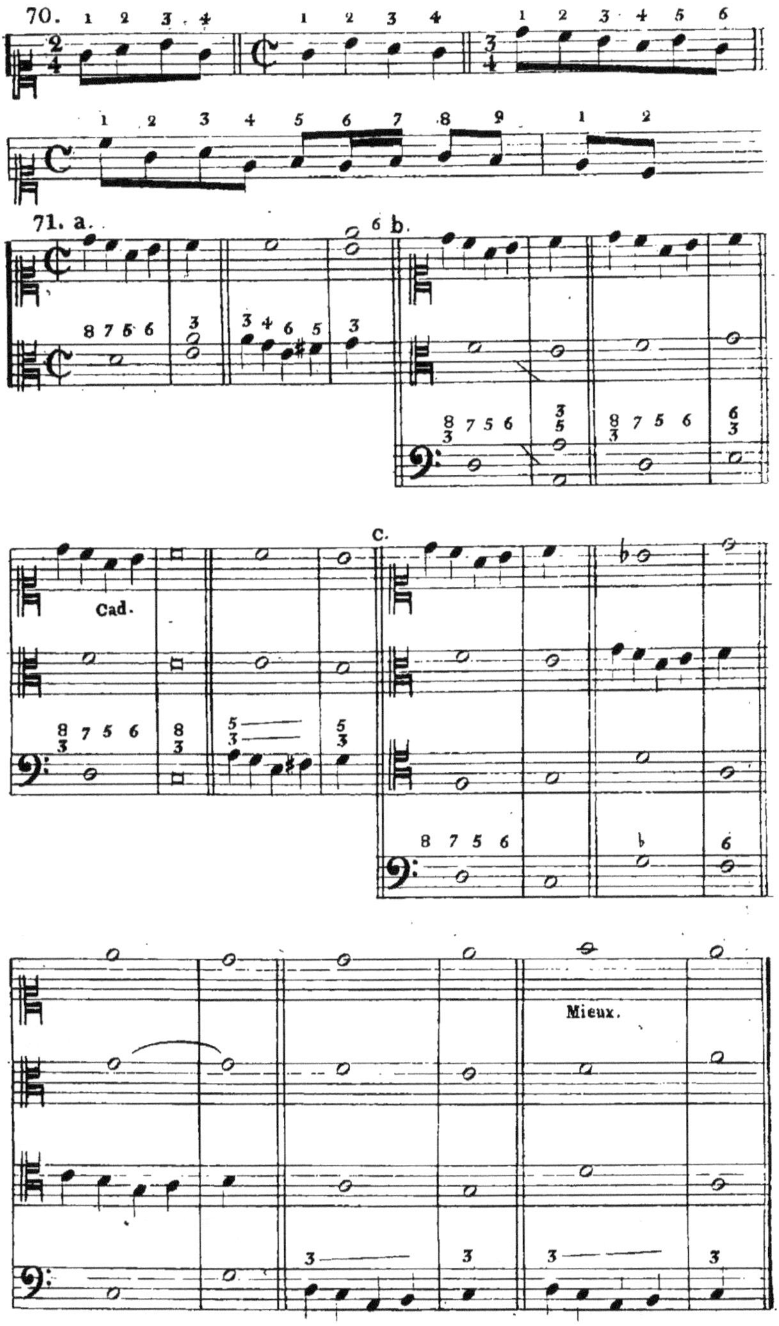
70.
71. a.
b.
Cad.
c.
Mieux.

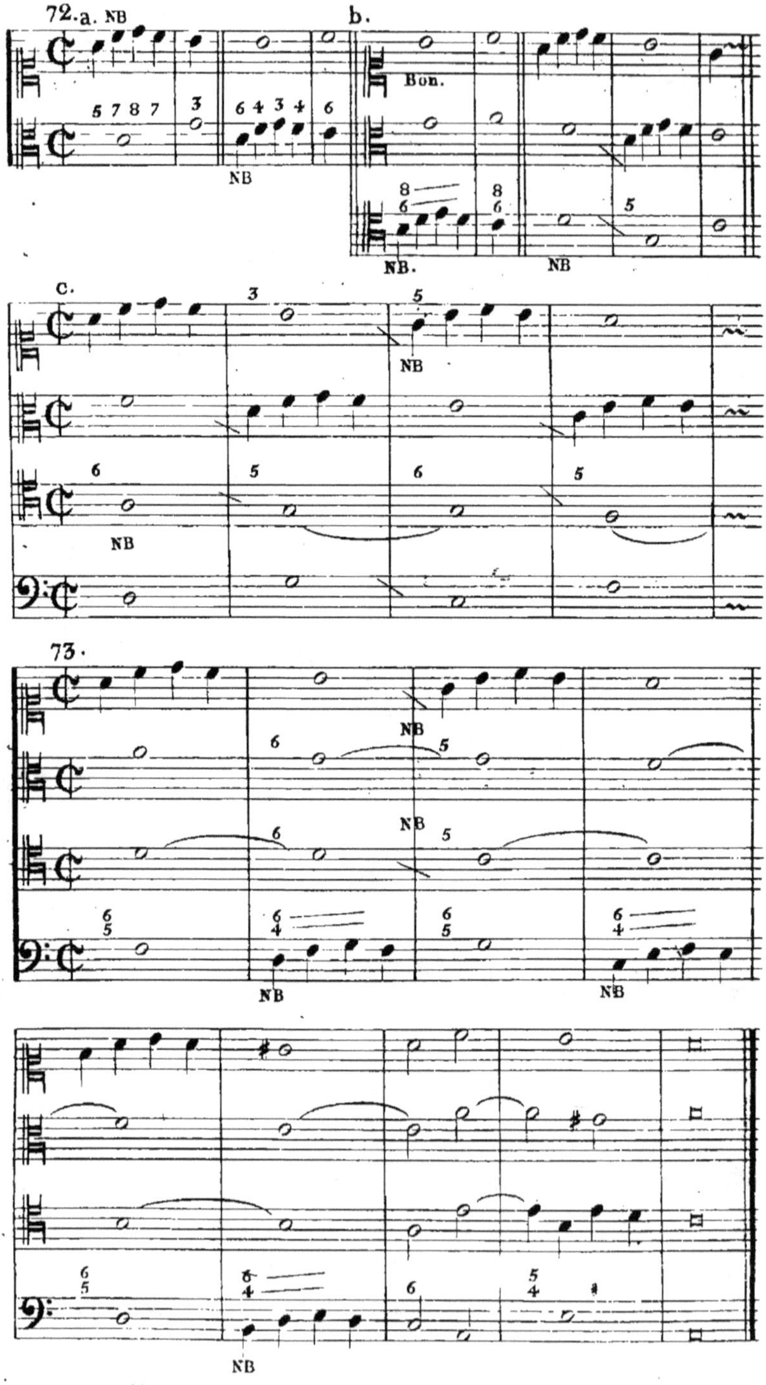
72. a.
NB
b.
Bon.
NB.
c.
NB
73.
NB

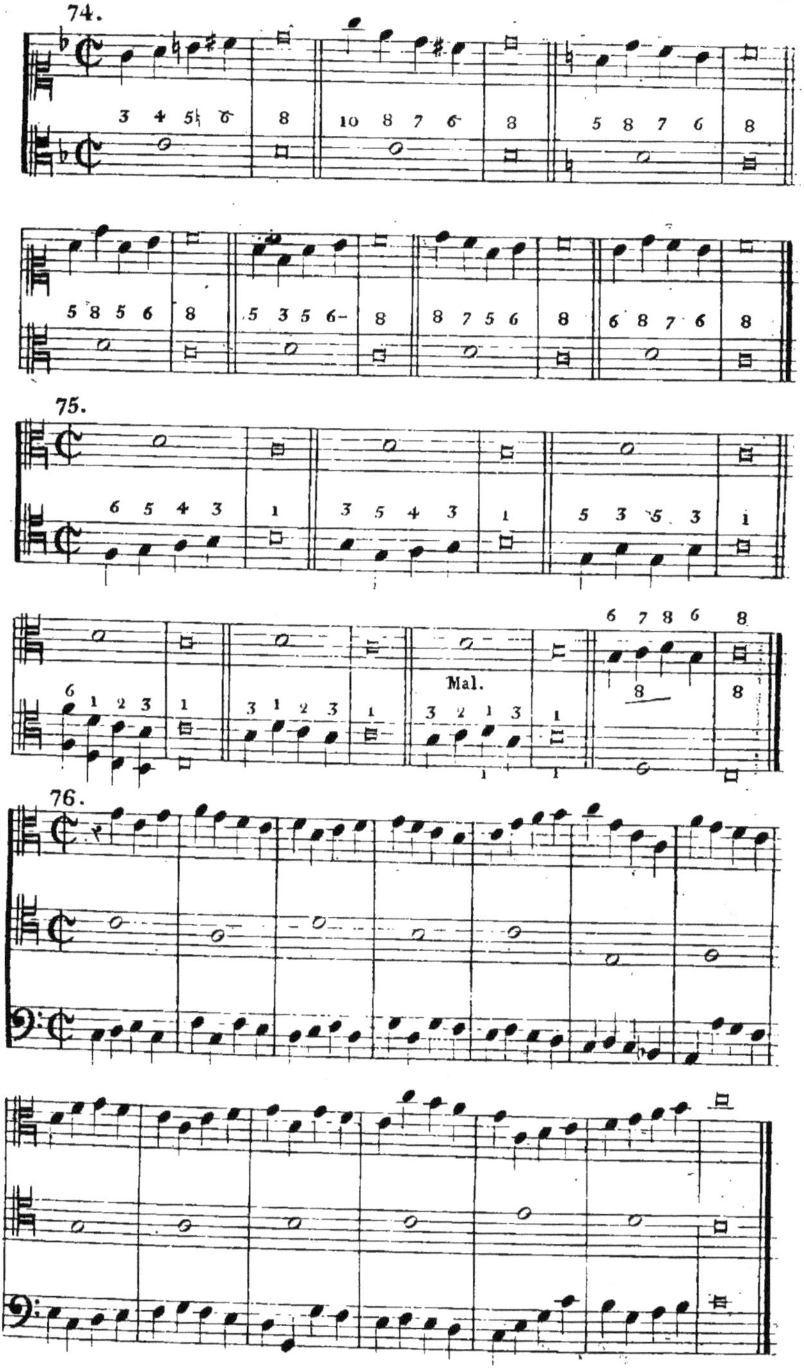
74.
75.
Mal.
76.

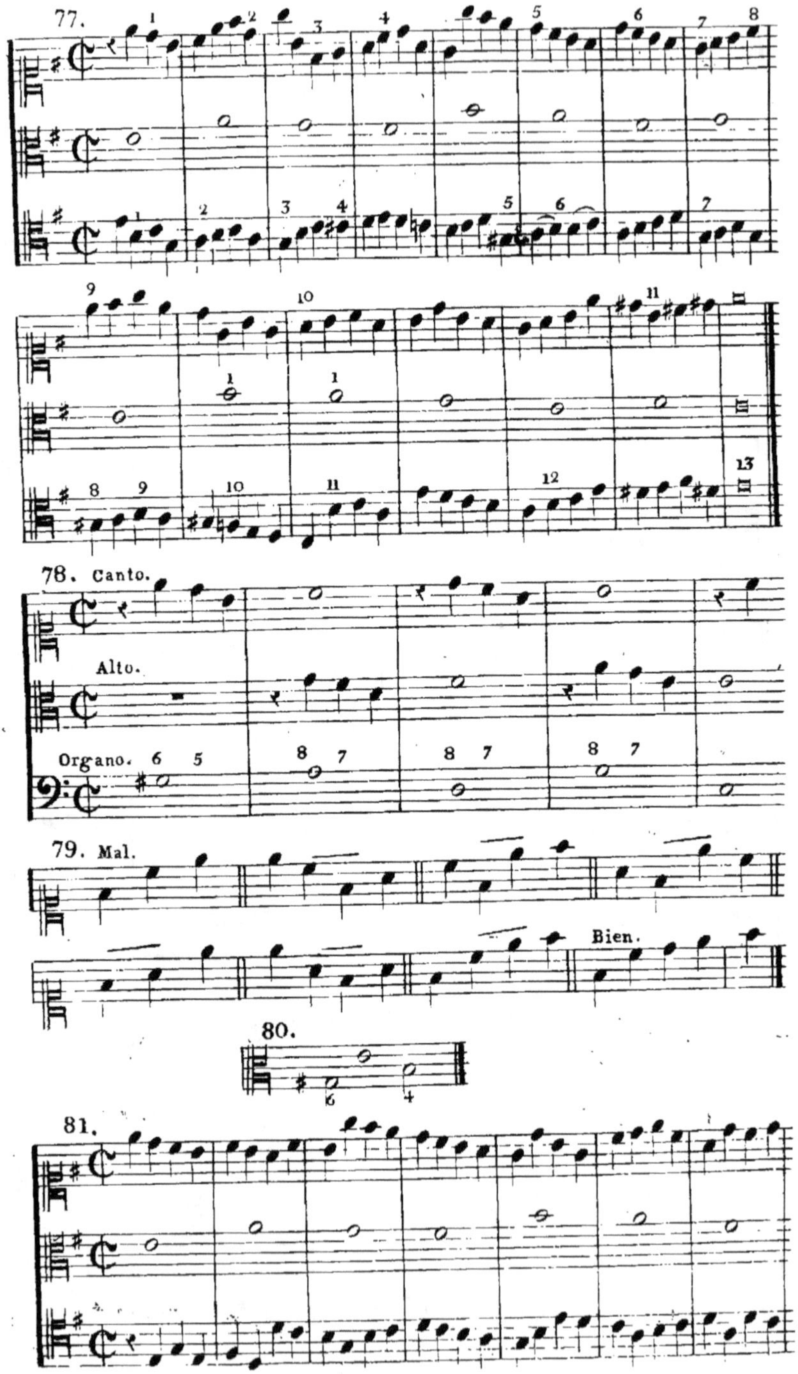
77.
78. Canto.
Alto.
Organo.
79. Mal.
Bien.
80.
81.

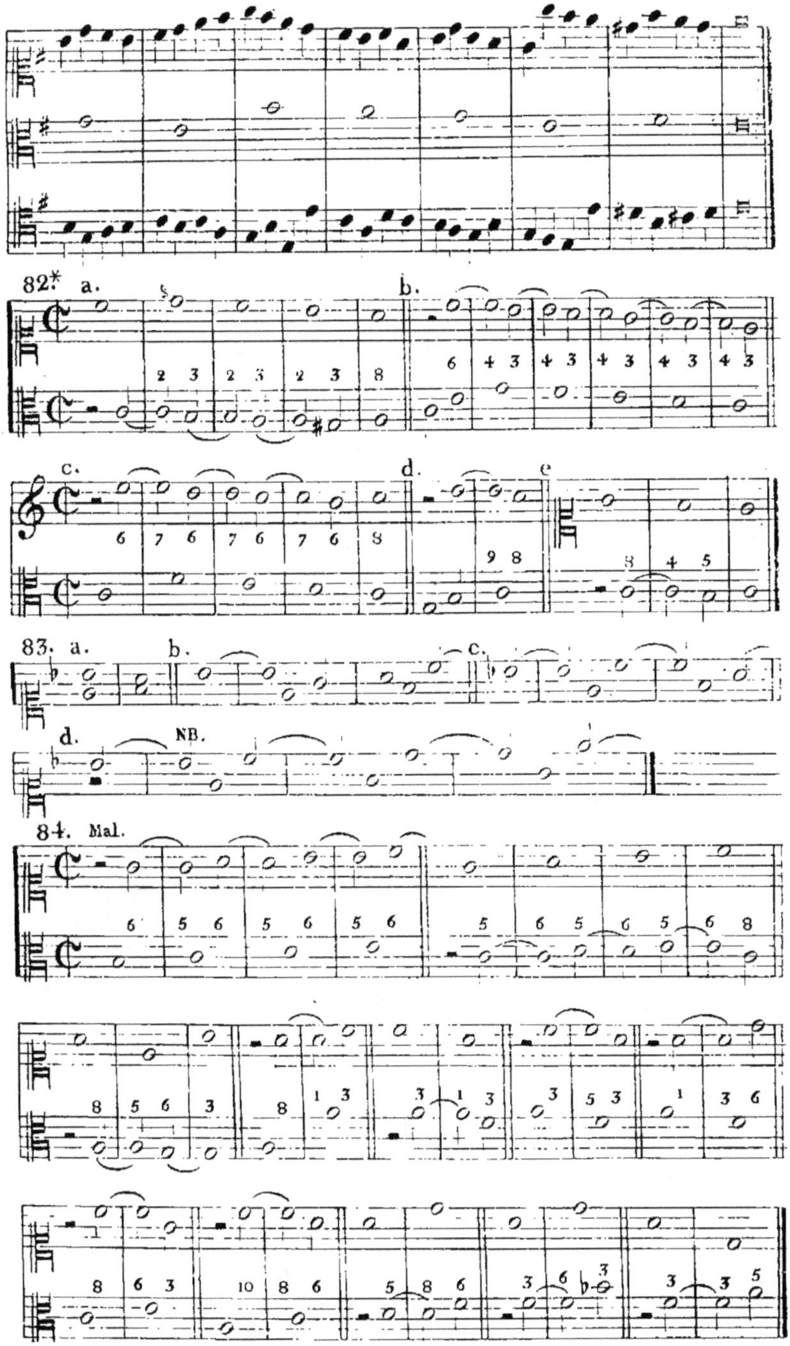
82.* a.
b.
c.
d.
e
83. a.
b.
c.
d.
NB.
84. Mal.

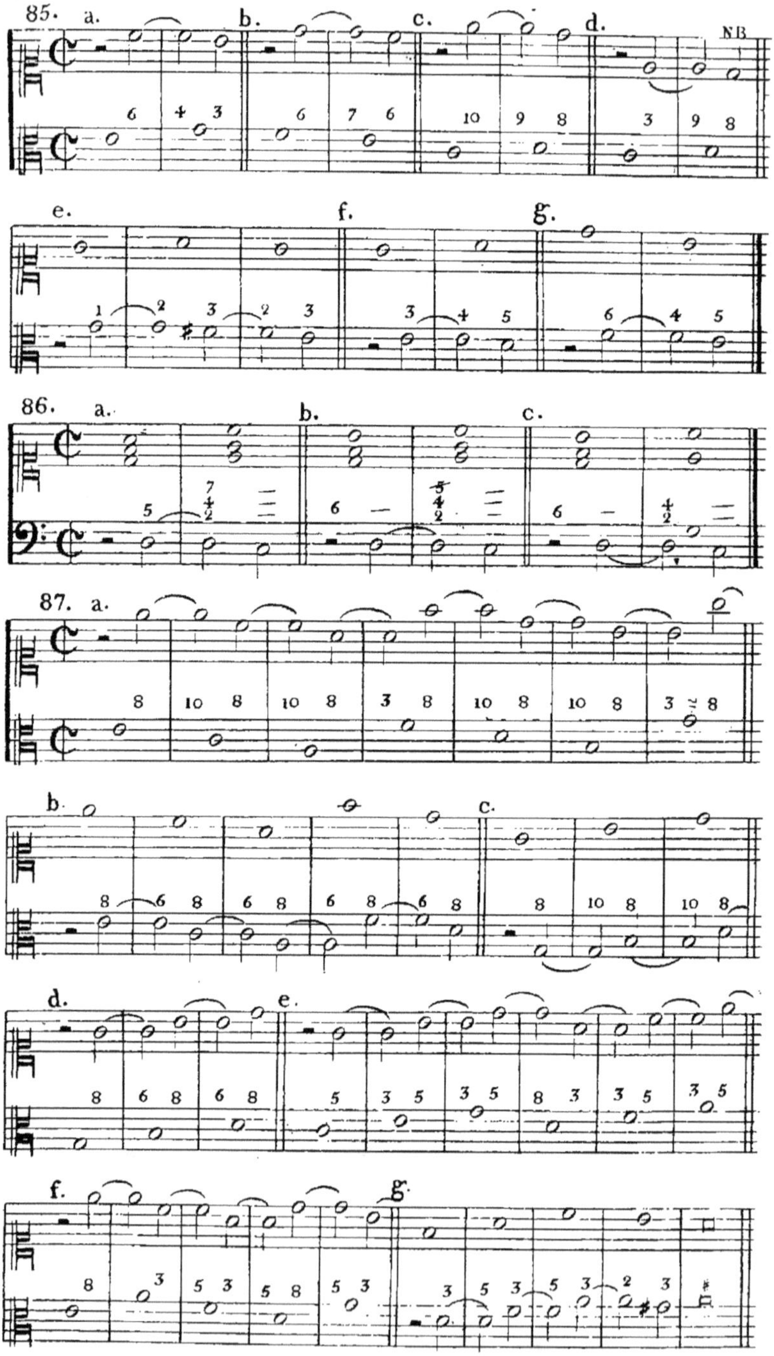
85. a.
b.
c.
d.
NB
e.
f.
g.
86. a.
b.
c.
87. a.
b.
c.
d.
e.
f.
g.

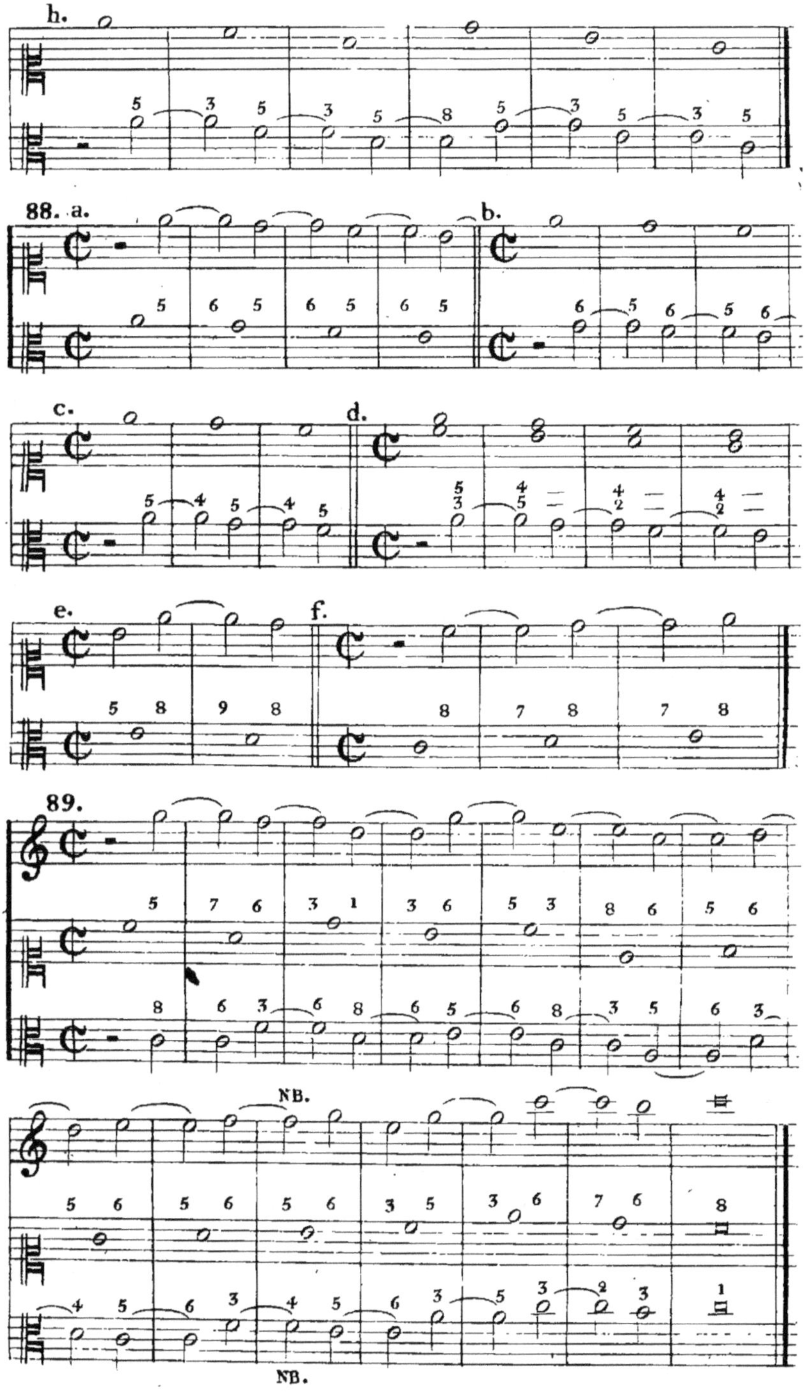
h.
88. a.
b.
c.
d.
e.
f.
89.
NB.
NB.

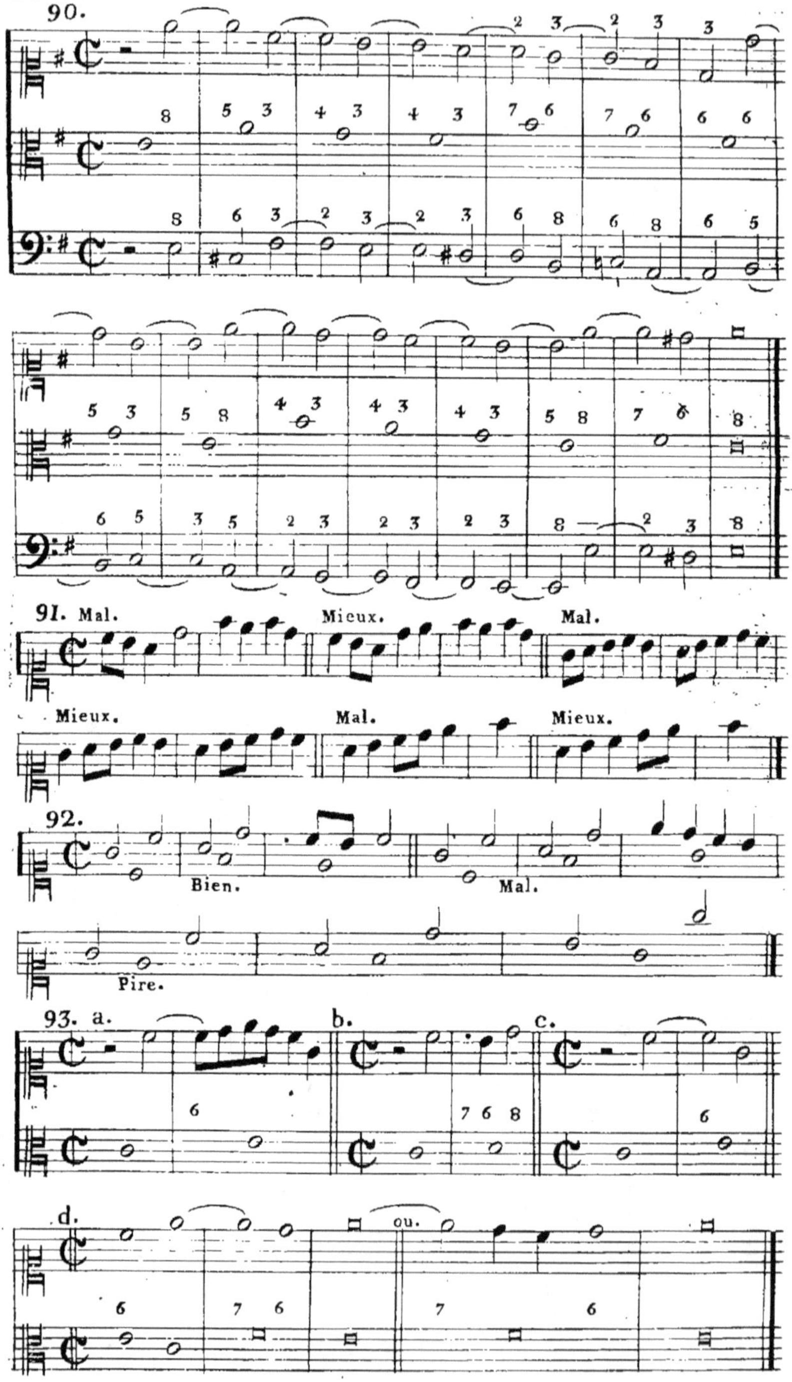
90.
91. Mal.
Mieux.
Mal.
Mieux.
Mal.
Mieux.
92.
Bien.
Mal.
Pire.
93. a.
b.
c.
d.
ou.

94.

95.

96.

97.

In te con fi do li be ra me do mi ne do mi ne.

98. Bon.

Mal. Bon. Mal. Bien.

Mal. Bien.

99.

100.

101.

3
8
3
8
3
6
3
6
3
3
6
6
10
10
8

102.

1 2 3
6 7 8
3 2 1
6 3 6
3 4 5
6 7 8
3 6 5
3 8 6
3 8 6
3 6 5
3 8 6
3 1 6
3 5 6
8
5 4 3
1

103.

en Ctrpt lib.

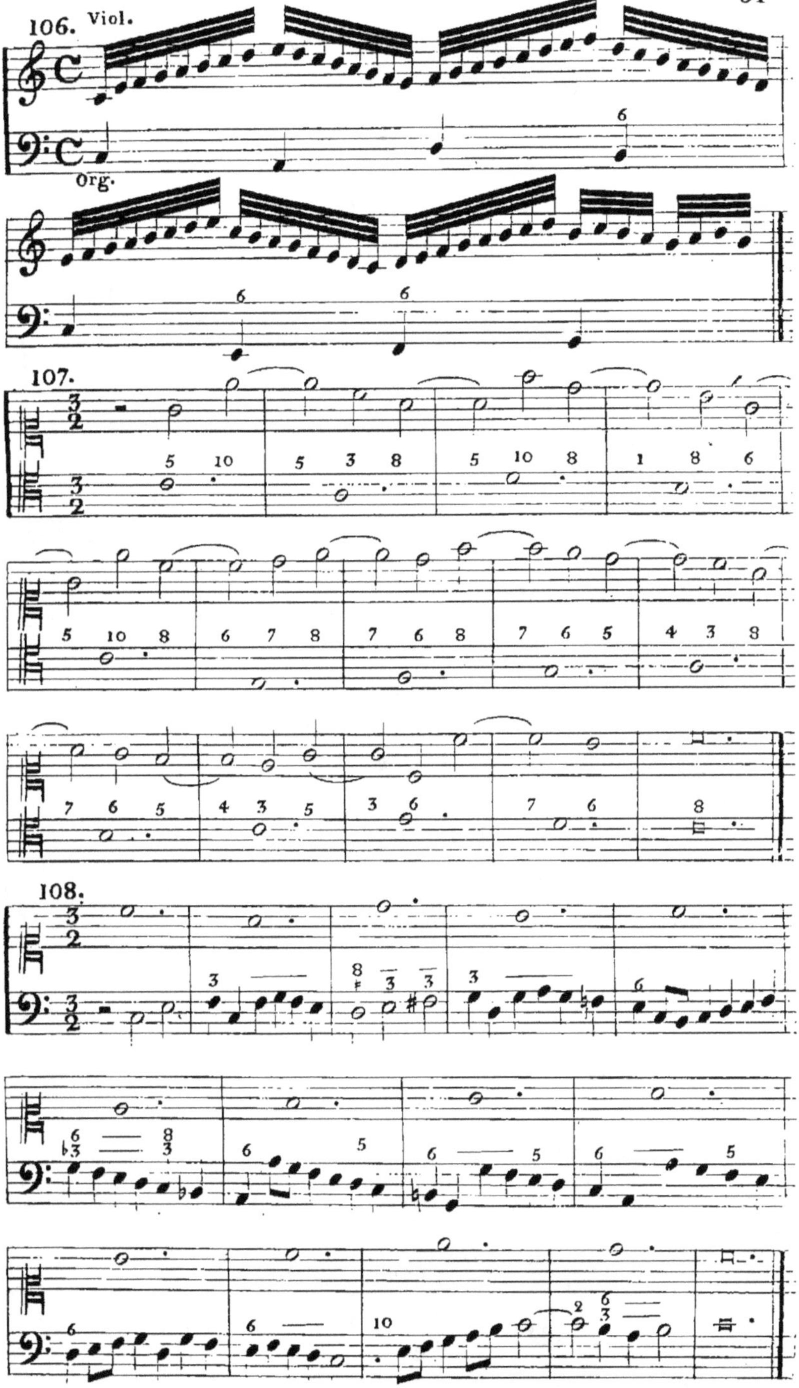
106. Viol.
Org.
107.
108.

109.

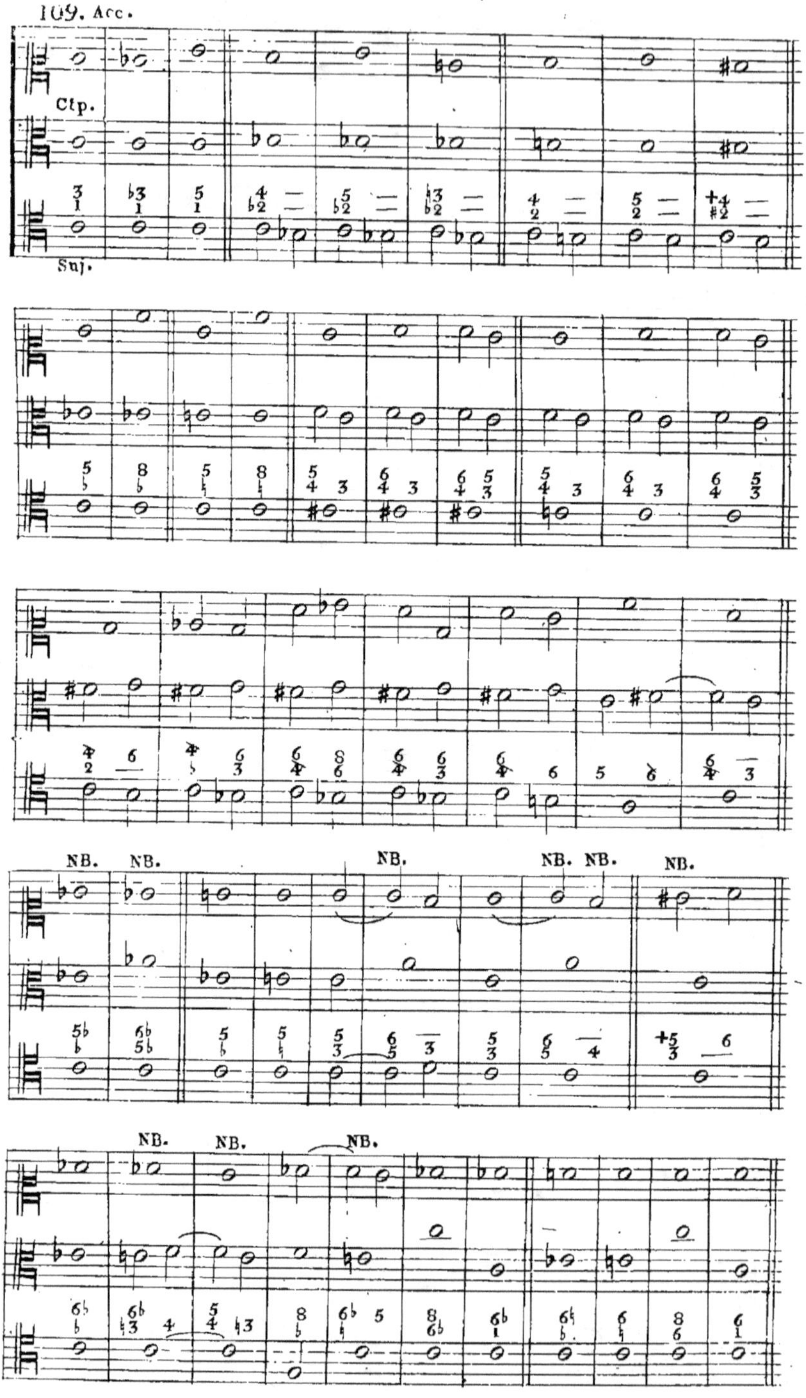

110. Acc. parf.

Acc. imparf.

34

111.

Bon.

112.

113. Rempliss.

Suj.

NB. NB.

Bas.

114.

115.

116. Mal.

117.

118.

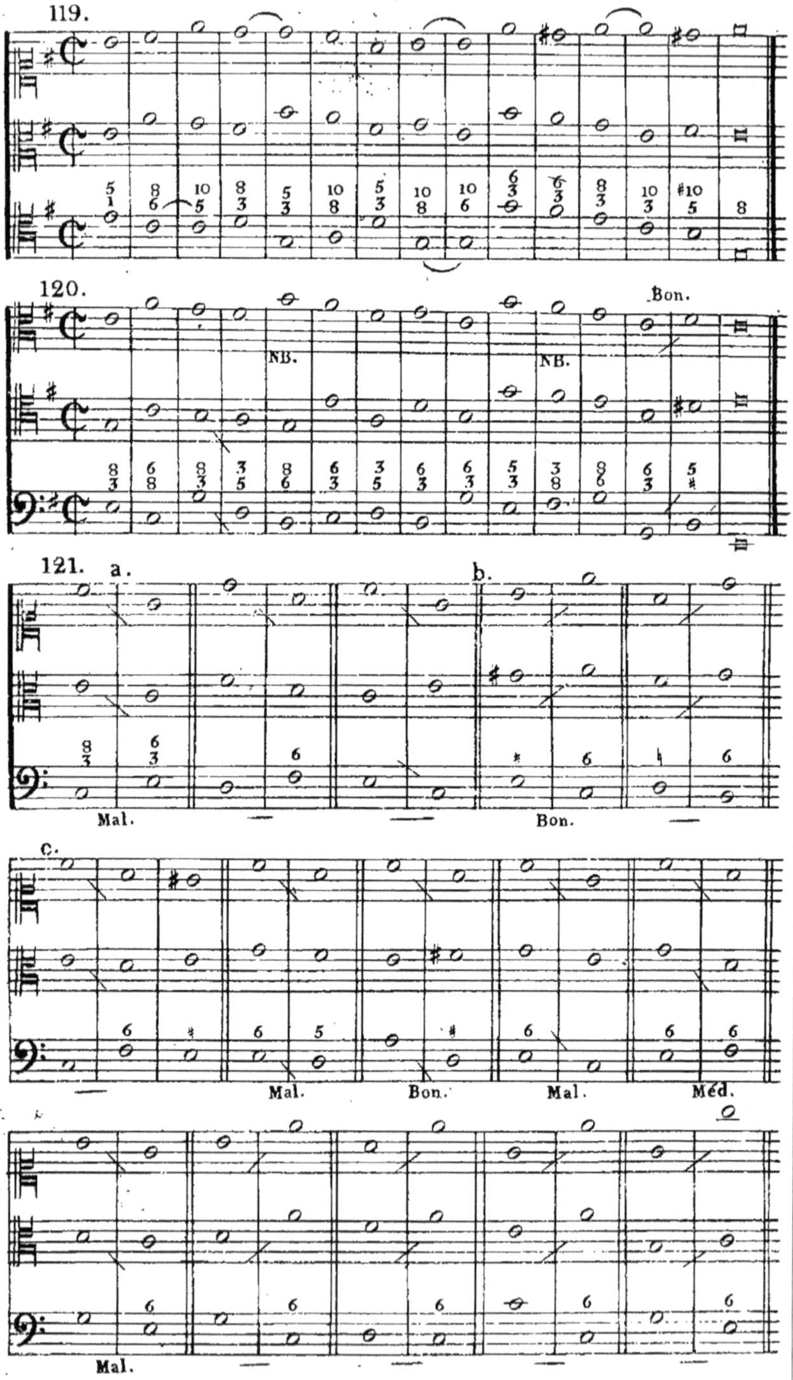
119.
120.
NB.
NB.
Bon.
121. a.
b.
Mal.
Bon.
c.
Mal.
Bon.
Mal.
Méd.
Mal.

122.

Bien. Mieux.

Bon.

Mal.

Bon.

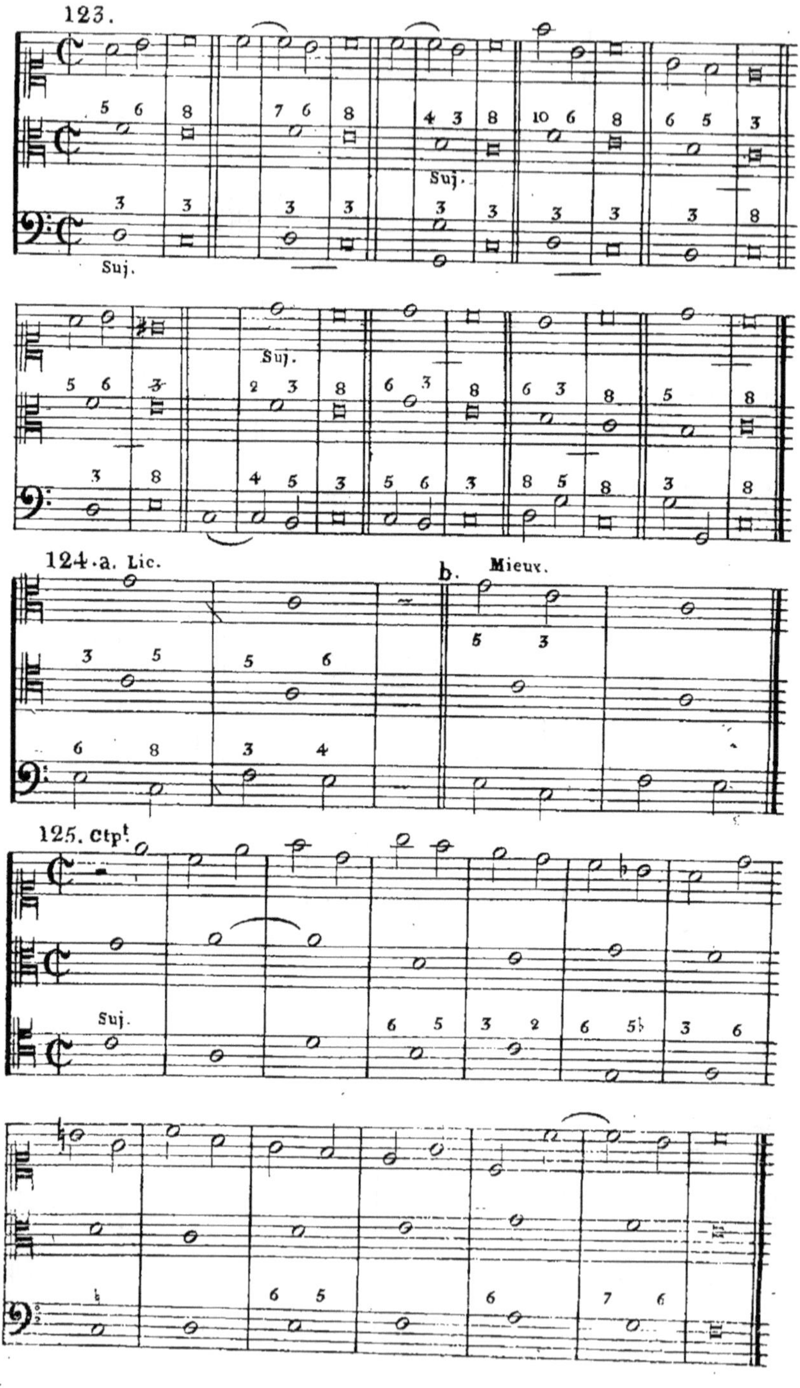
123.
Suj.
Suj.
Suj.
124.a. Lic.
b. Mieux.
125. Ctpt.
Suj.

126.

127. Suj.

128. Suj.

40

129. ct pt.

Suj.

130.

ct pt.

Suj.

131.

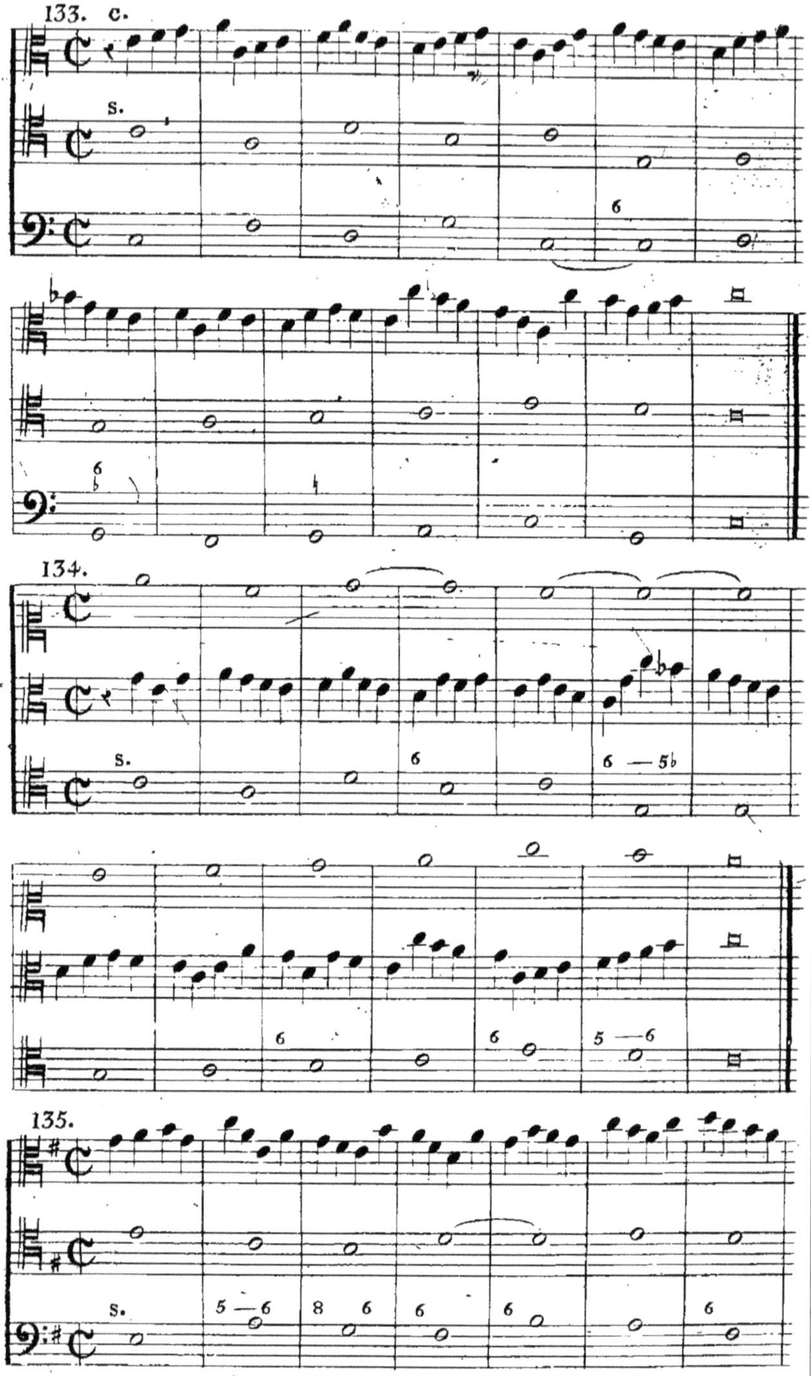
133. c.
s.
134.
s.
135.
s.

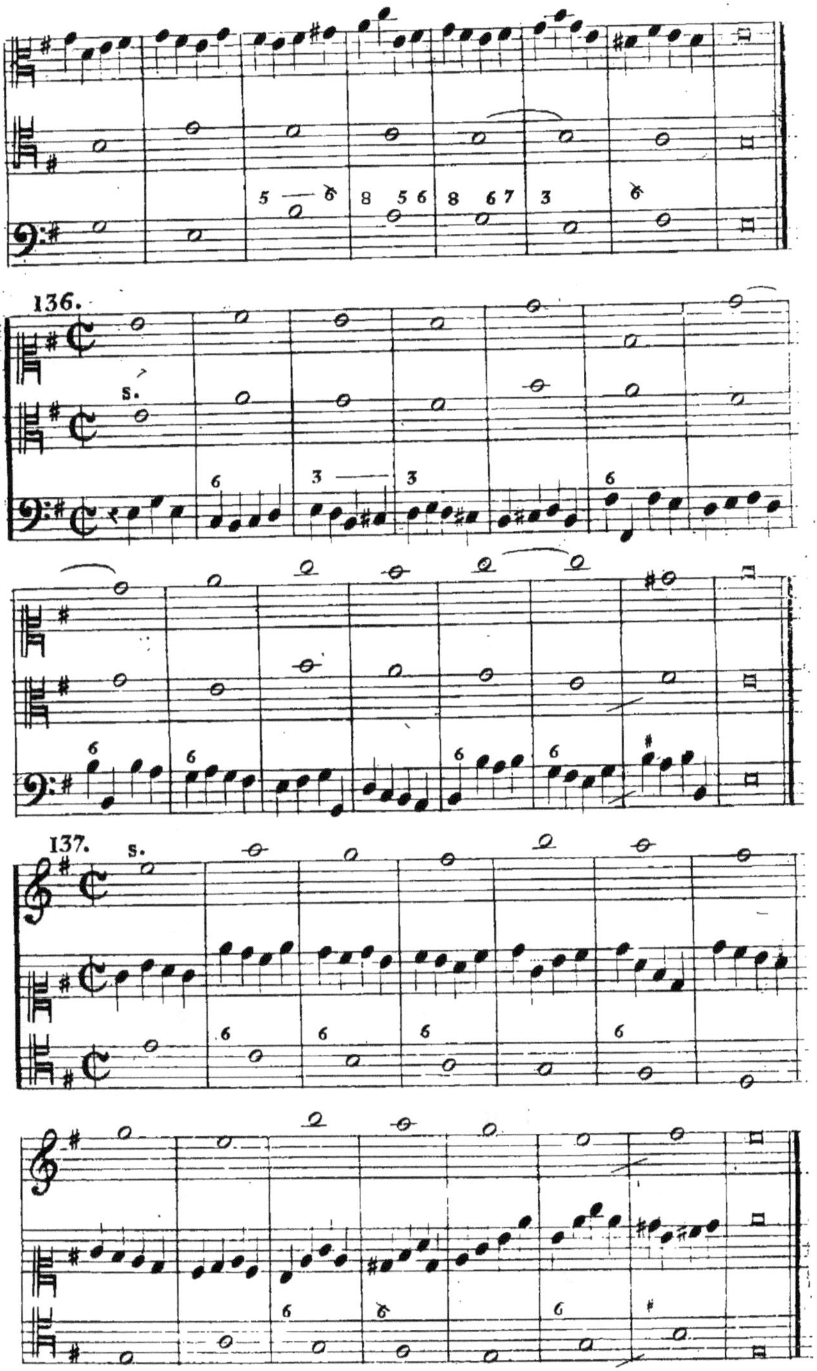
136.
S.
137.
S.

138. a.
b.
S.
NB.
139. a.
b.
c.
d.
Bon.
B. St. lib.
Mal.
B.
e.
f.
g.
h.
Bon, St. lib.
Mal.
B.
Bon, St. lib.
i.
j.
k.
l.
Mal.
Bon.

m.
n.
o.
p.
q.
Pass. St. lib.
Bon, St. lib.
140. a.
b.
c.
d.
Bon.
e.
f.
g.
h.
Bon.
Mal.
Mal.
Bon, St. lib.
i.
k.
l.
Mieux.
Bon, St. lib.
Bon.
NB.
Bon, St. lib.

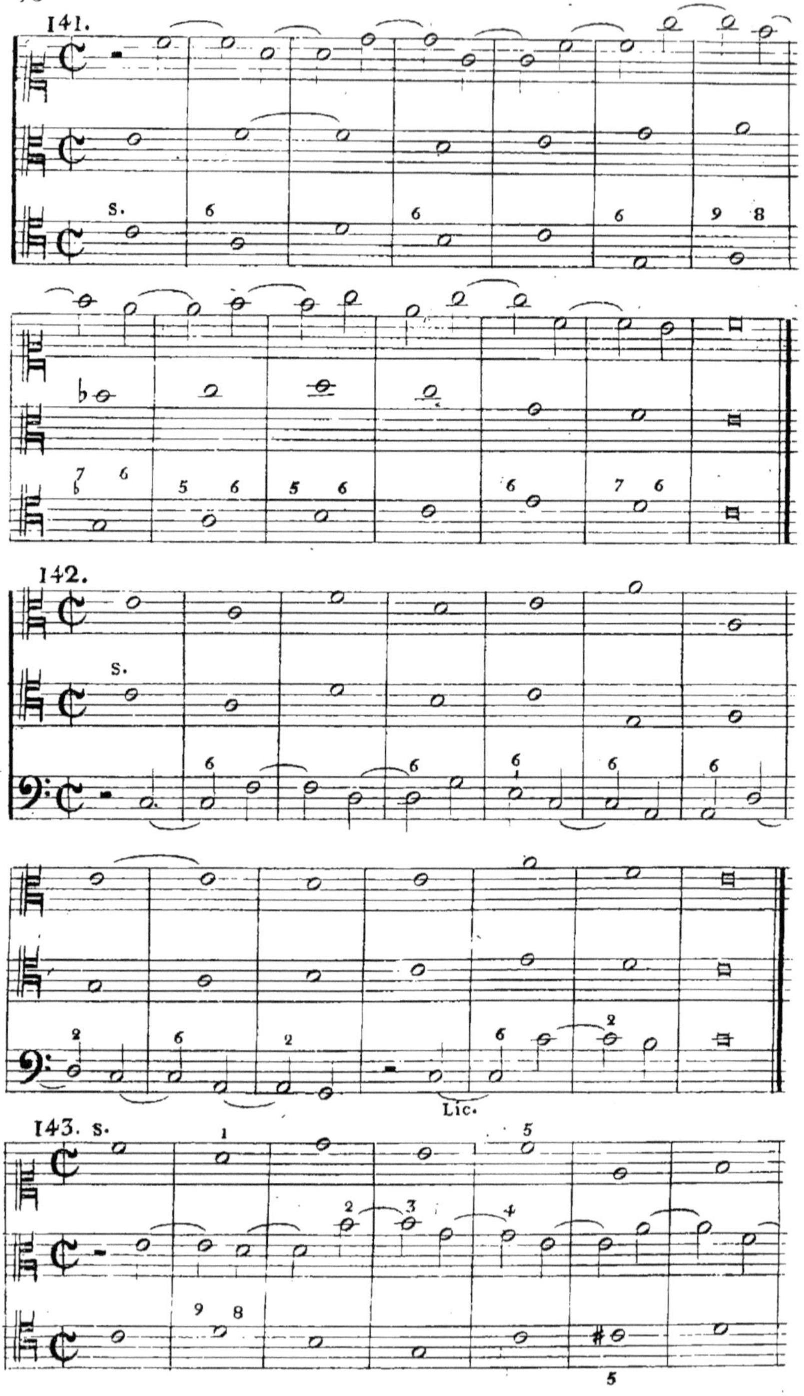
141.
S.
142.
S.
Lic.
143. S.

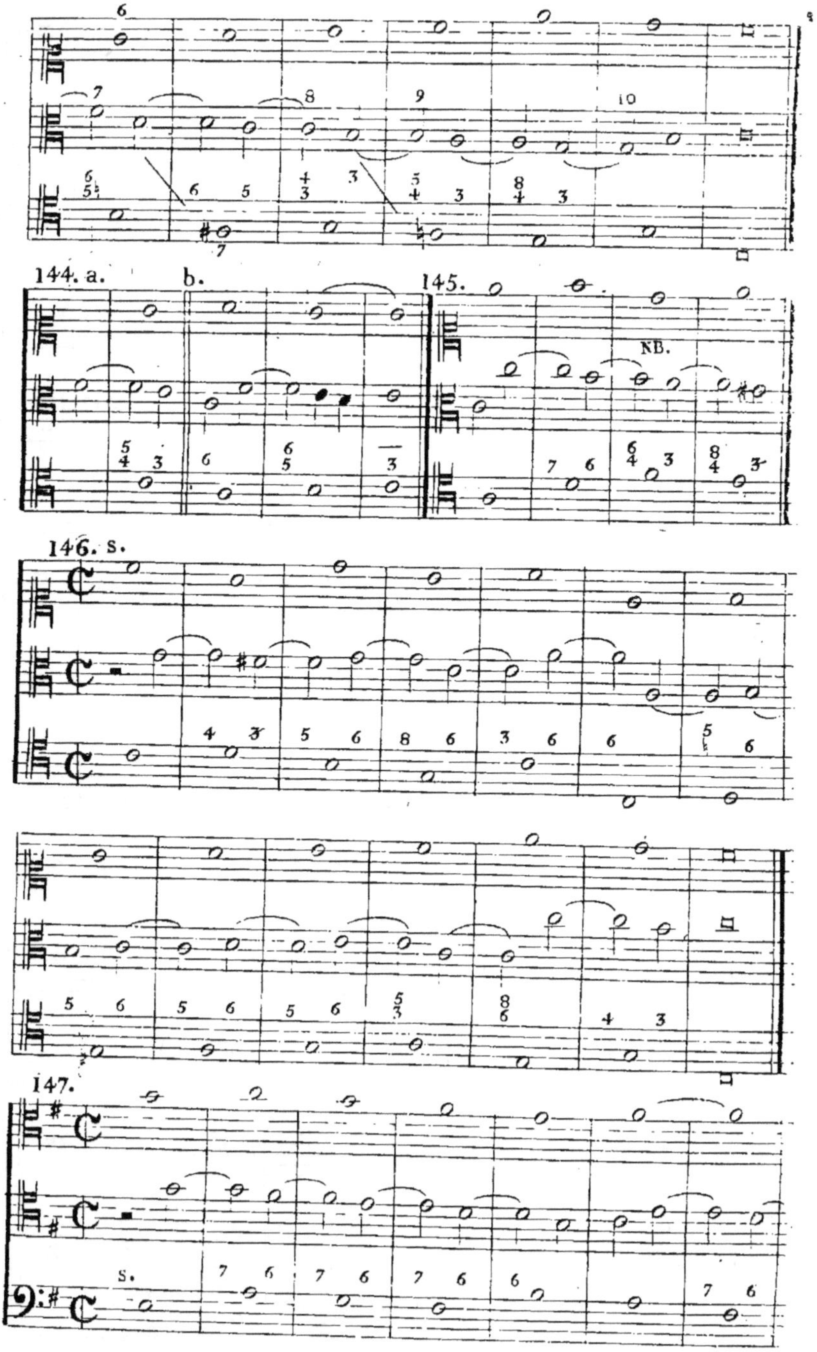
144. a.
b.
145.
NB.
146. s.
147.
S.

48

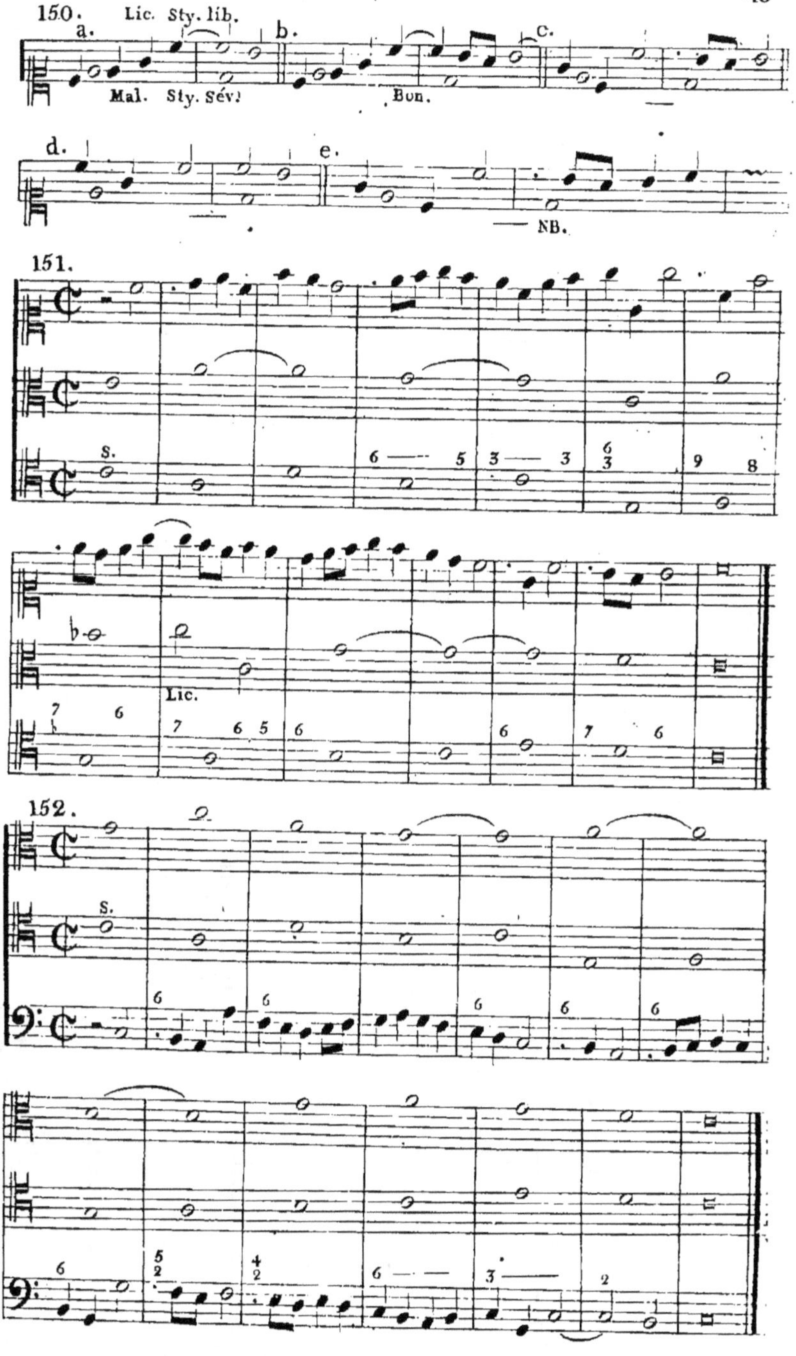
150.
Lic. Sty. lib.
a.
b.
c.
Mal. Sty. Sév!
Bon.
d.
e.
NB.
151.
S.
Lic.
152.
S.

153. s.

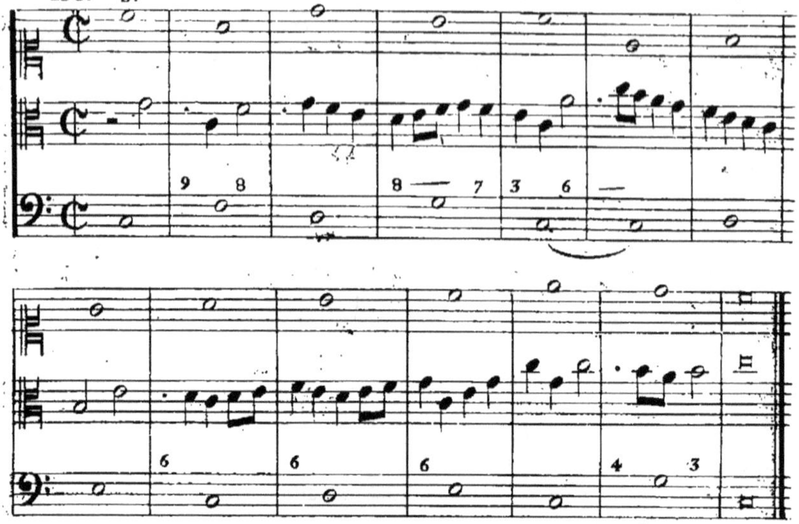

154.

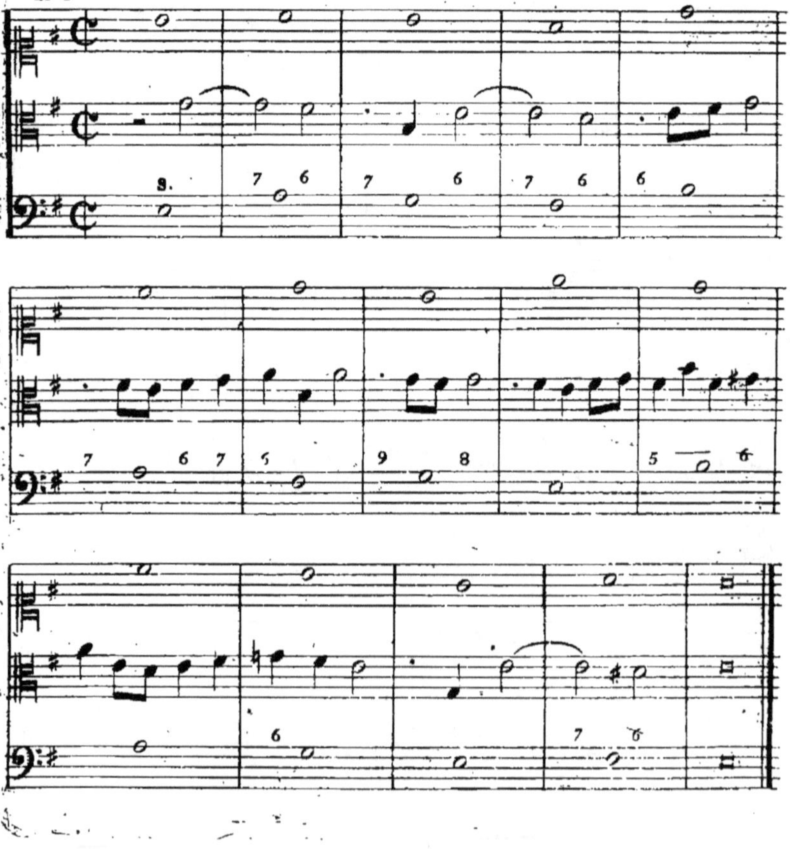

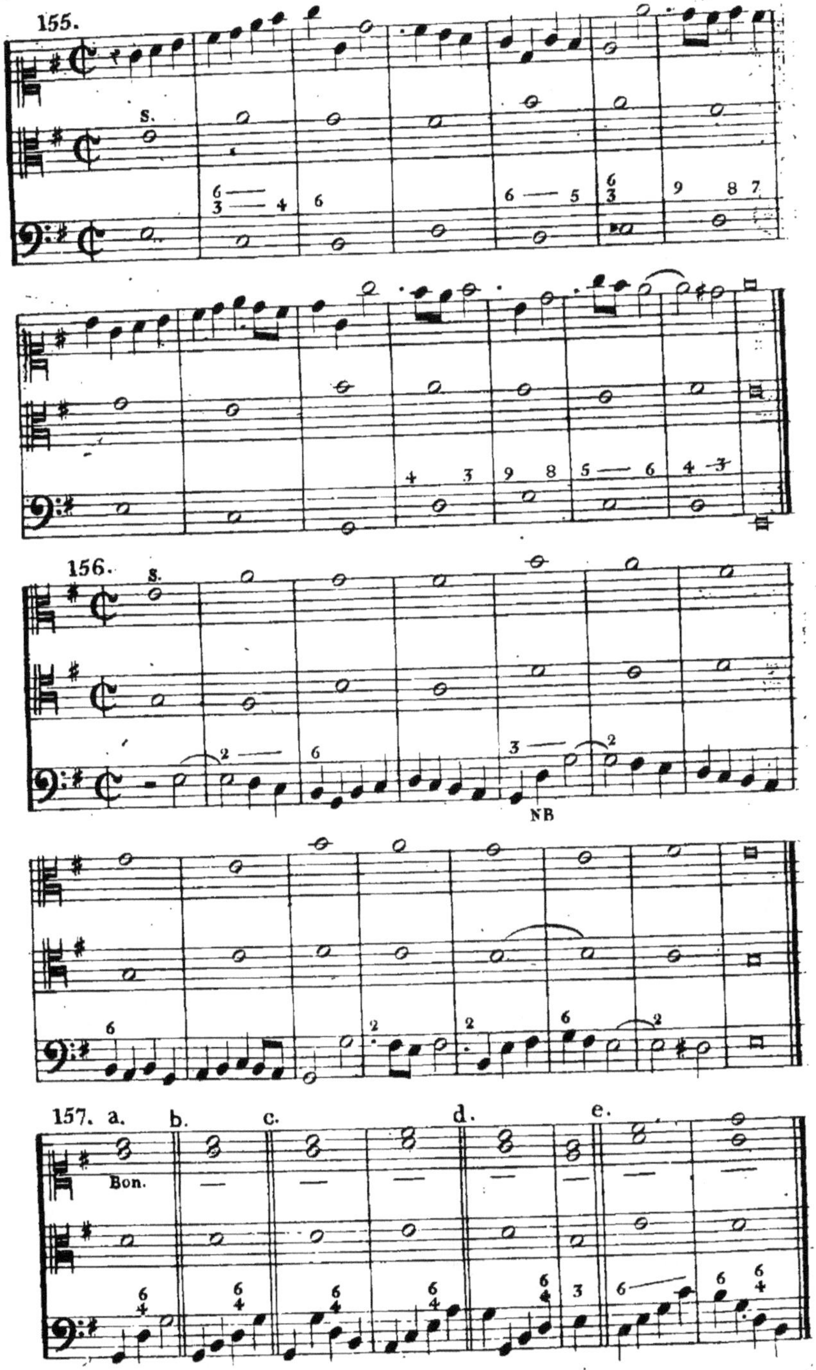
155.
S.
156.
S.
NB
157. a.
b.
c.
d.
e.
Bon.

52 158.

160.

161.

162.

163.

164.

56.

Cadences.

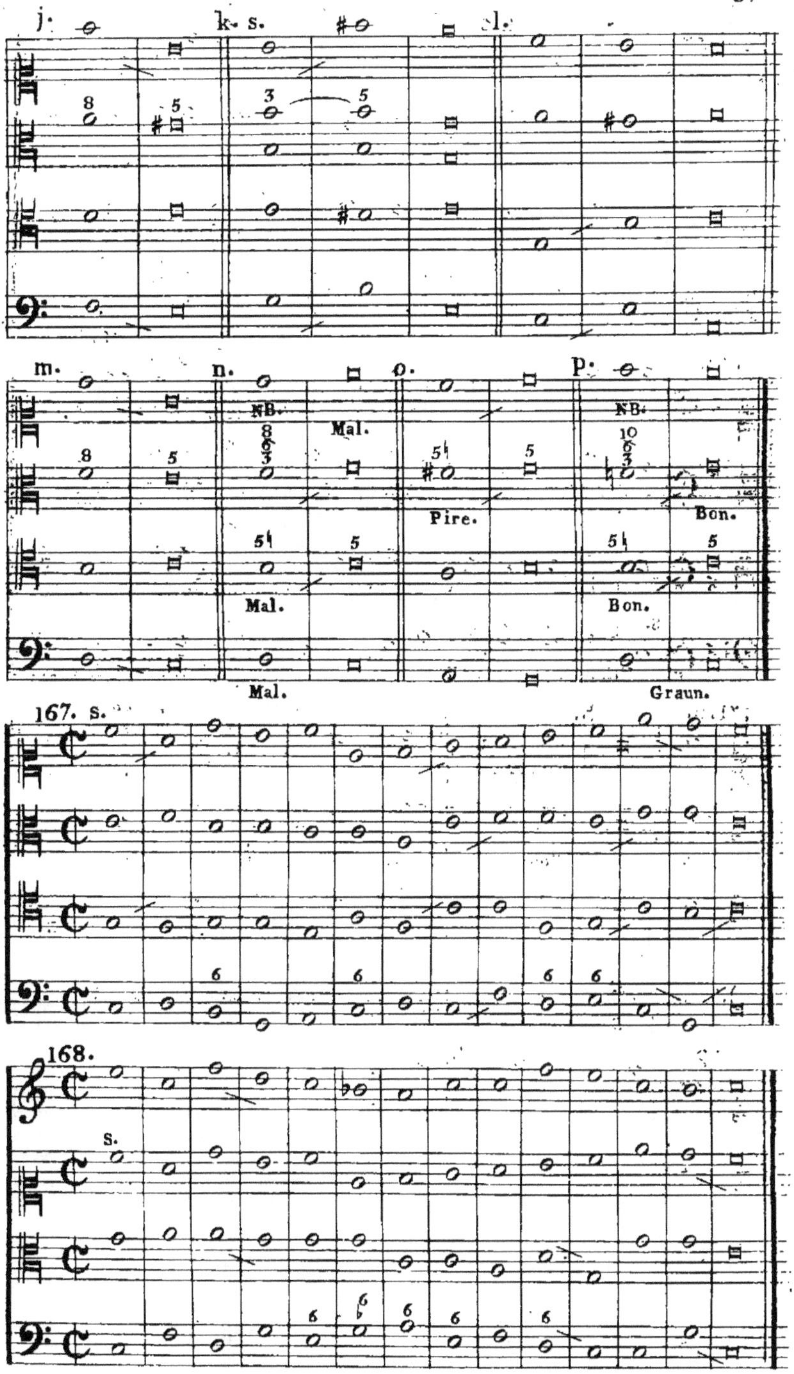
j.
k. s.
l.
m.
n.
o.
p.
NB.
Mal.
Pire.
Bon.
NB.
Mal.
Bon.
Mal.
Graun.
167. s.
168.
s.

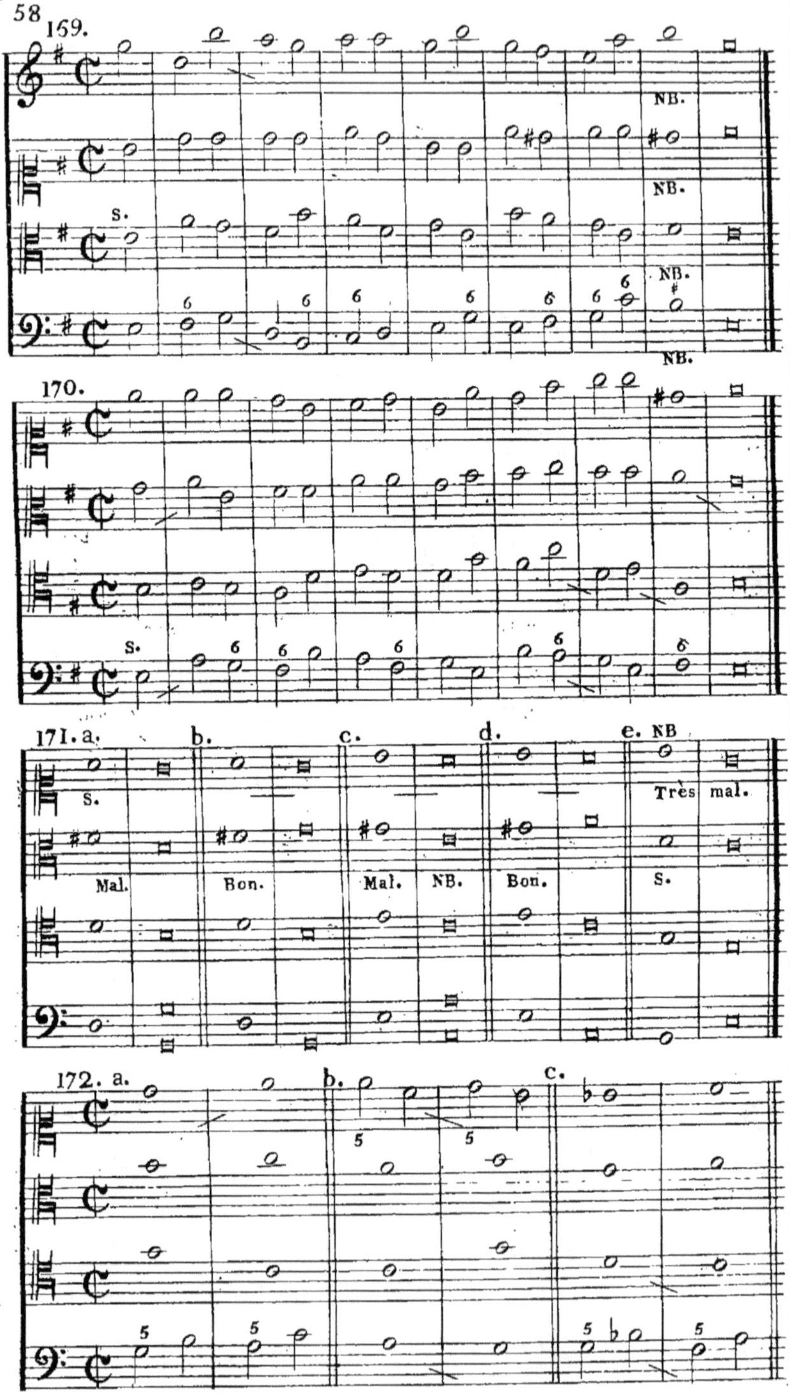
169.
NB.
S.
170.
S.
171. a.
b.
c.
d.
e. NB
S.
Très mal.
Mal.
Bon.
Mal.
NB.
Bon.
S.
172. a.
b.
c.

e. f.

173.*

Cho ri sanc

Cho ri sanc ta

Cho ri sanc ta rum vir gi num

174.

S.

Lic.

60

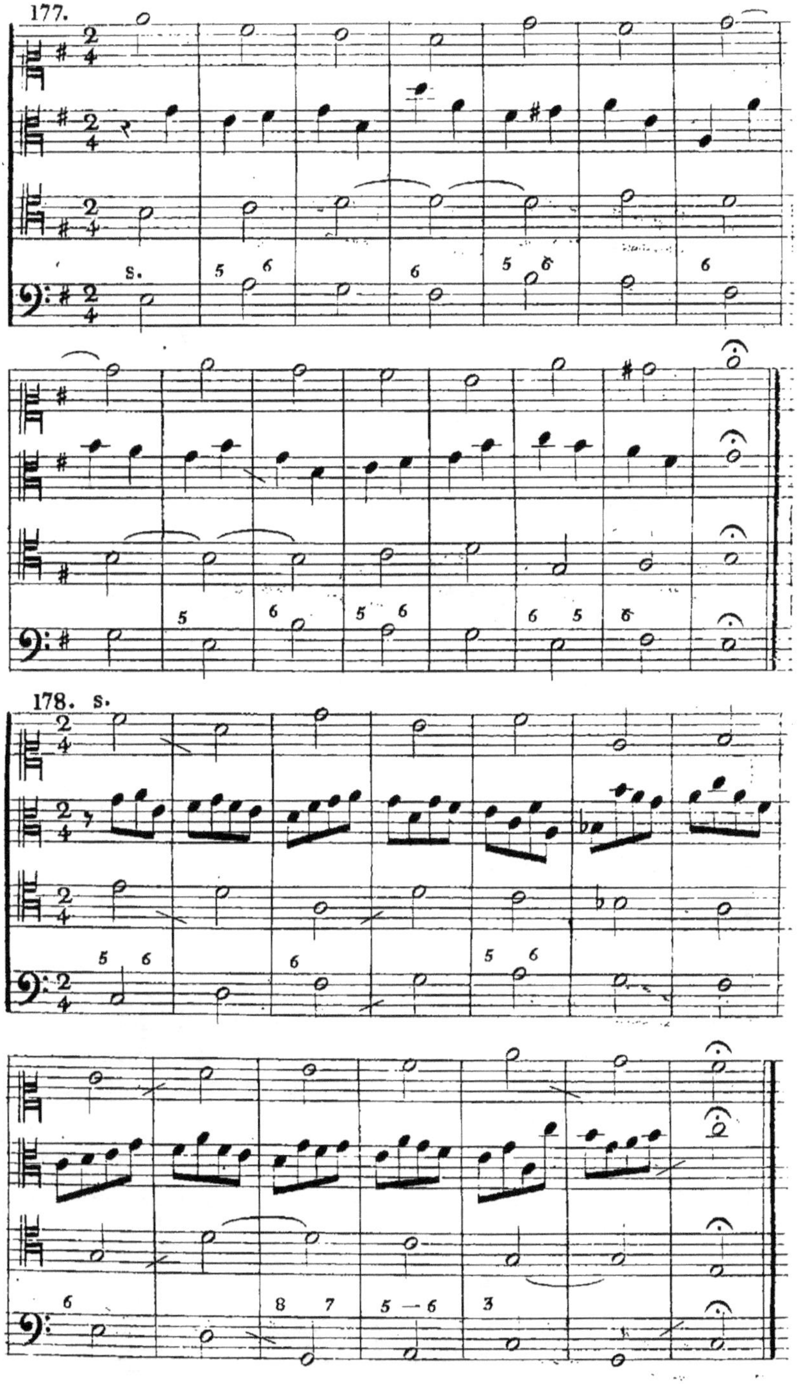
177.
178.

179.

180.

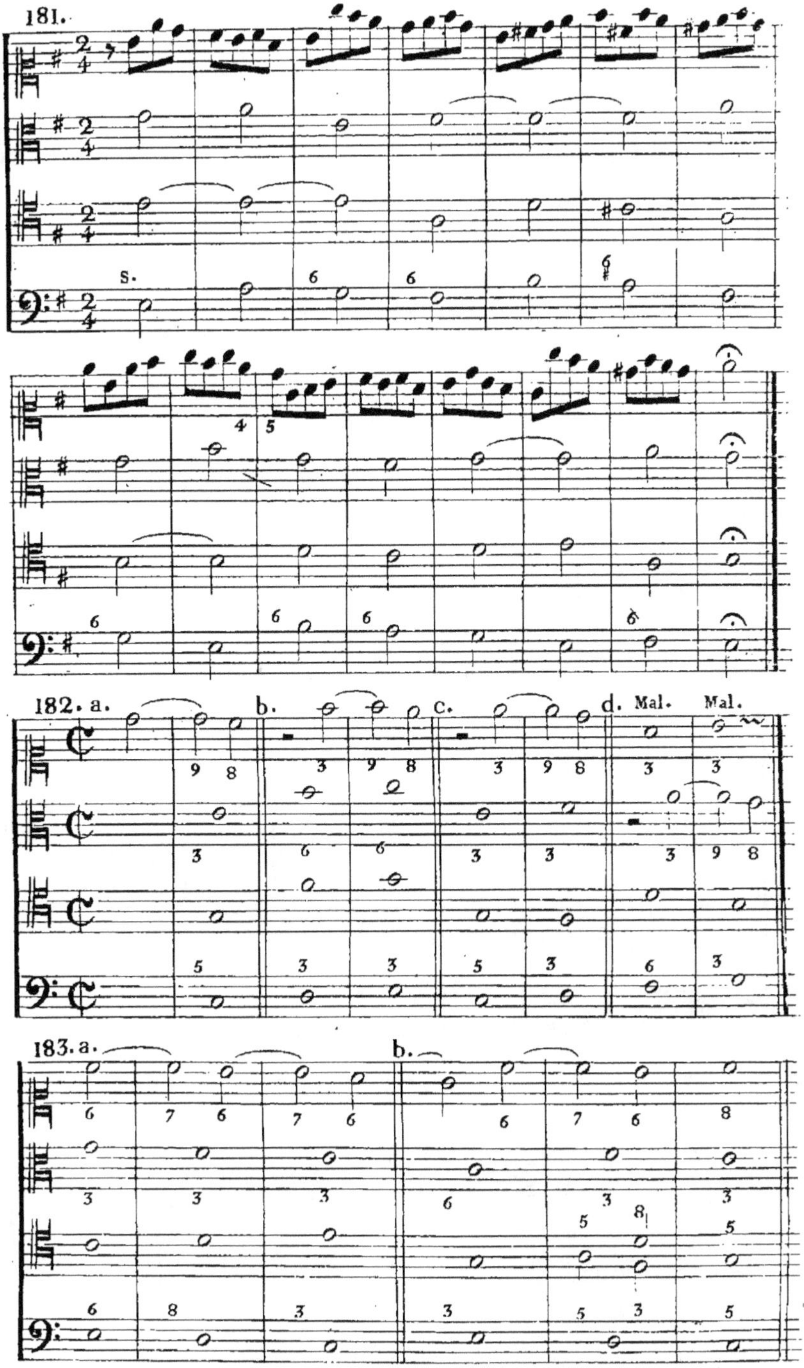
181.
s.
182. a.
b.
c.
d. Mal.
Mal.
183. a.
b.

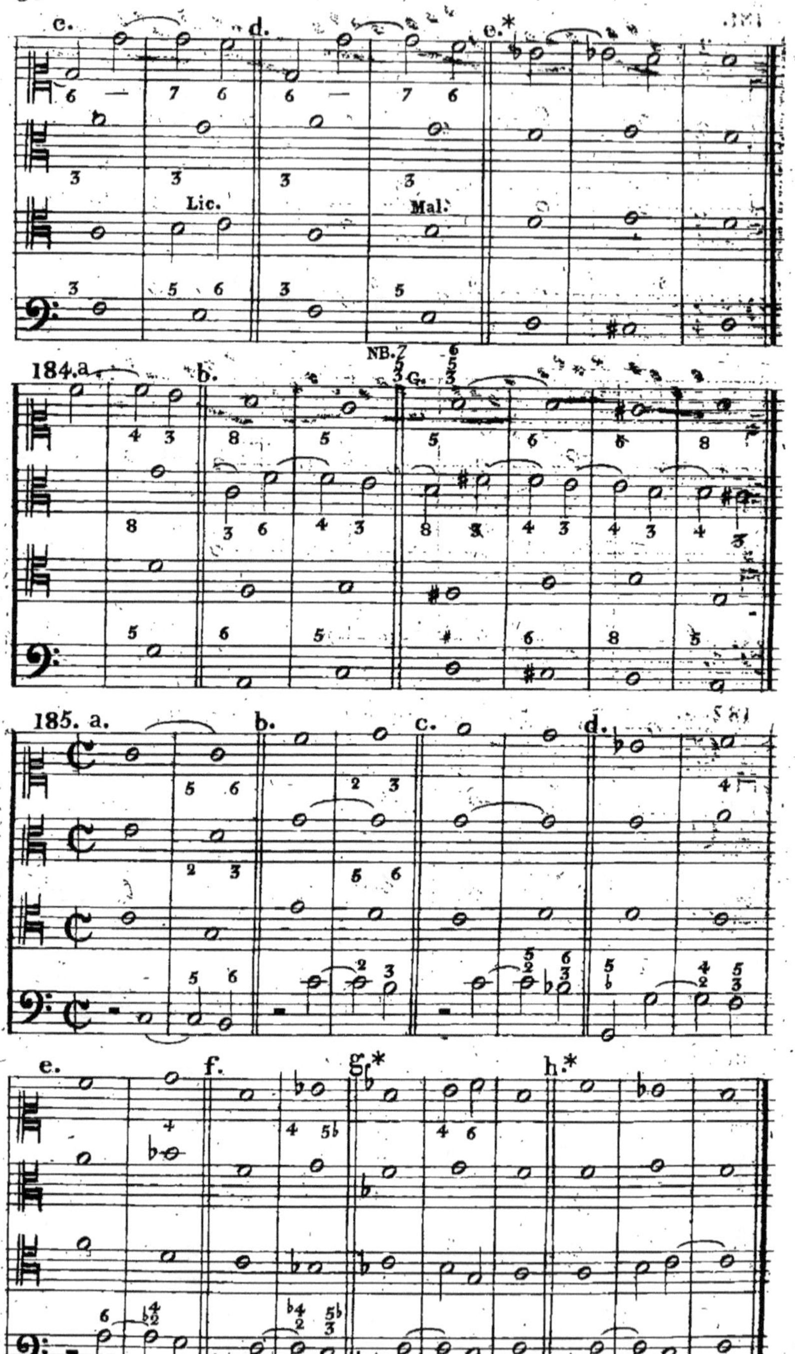
c.
d.
e.*
Lic.
Mal.
184. a.
b.
NB.
G.
185. a.
b.
c.
d.
e.
f.
g.*
h.*

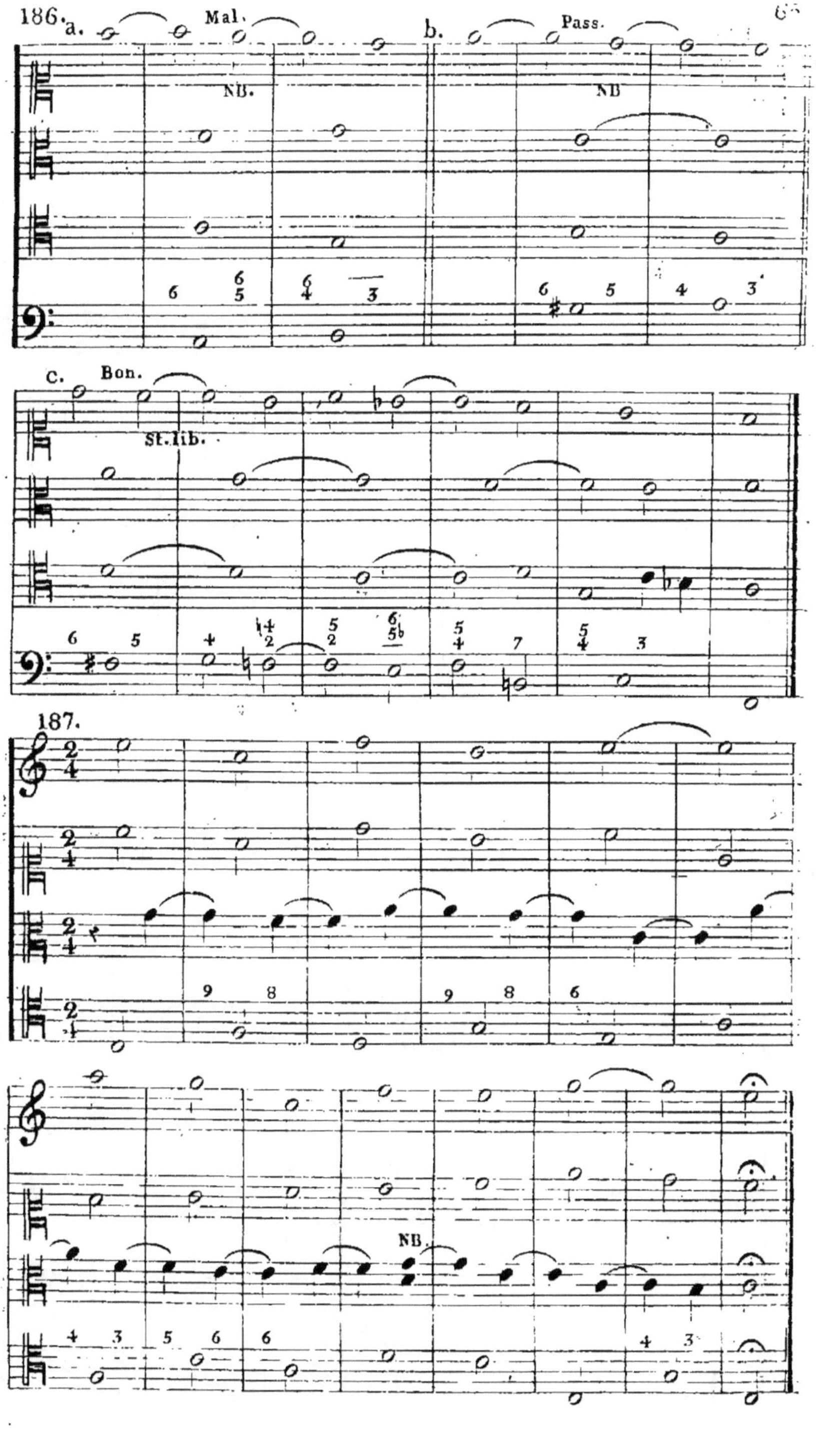
186. a.
Mal.
NB.
b.
Pass.
NB
c.
Bon.
St. lib.
187.
NB.

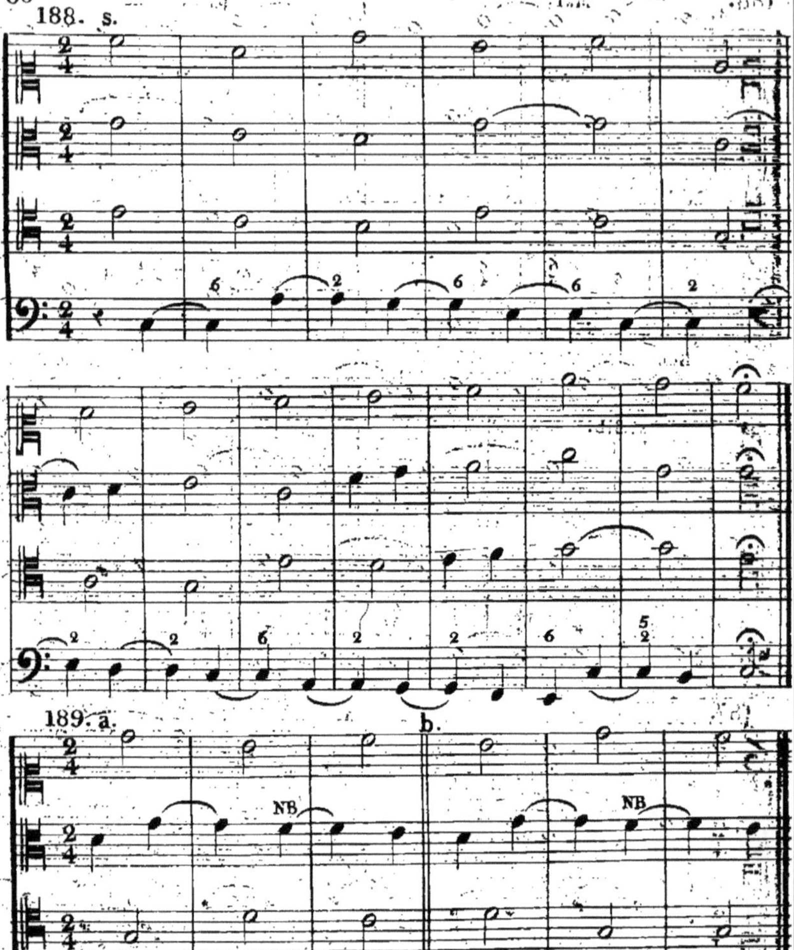

188. s.
189. a.
b.
NB
NB
190. a.
b.
c.

191.

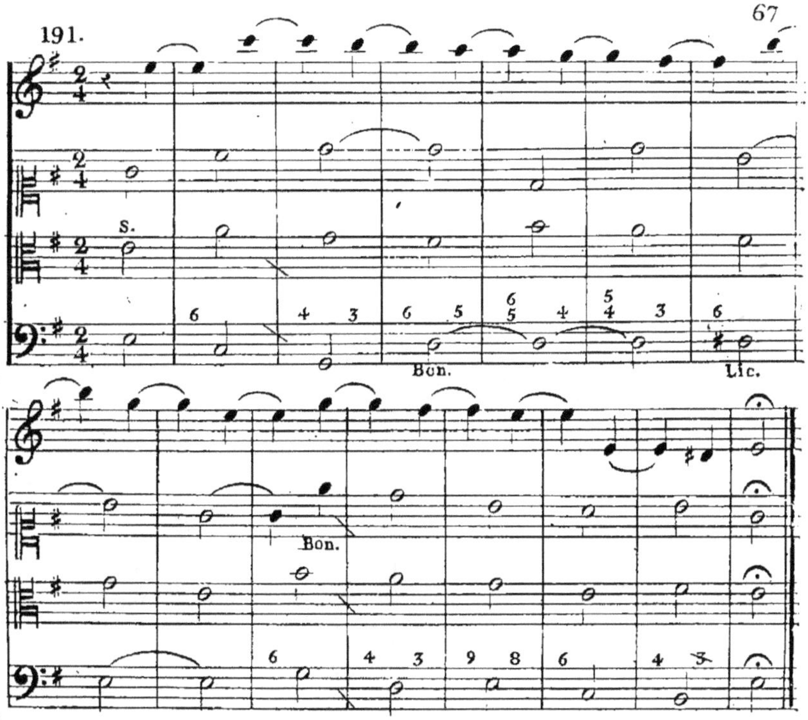

192.

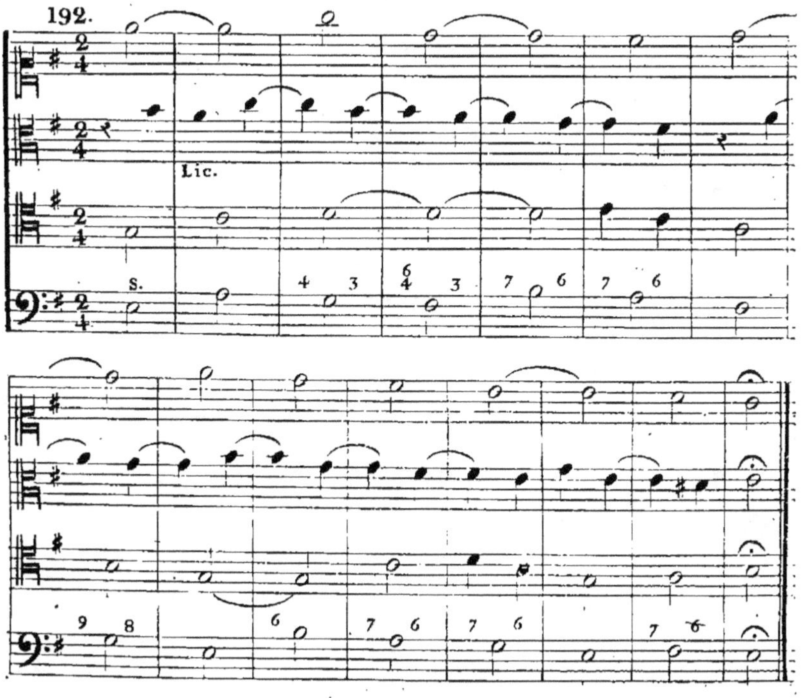

88

193.

194.

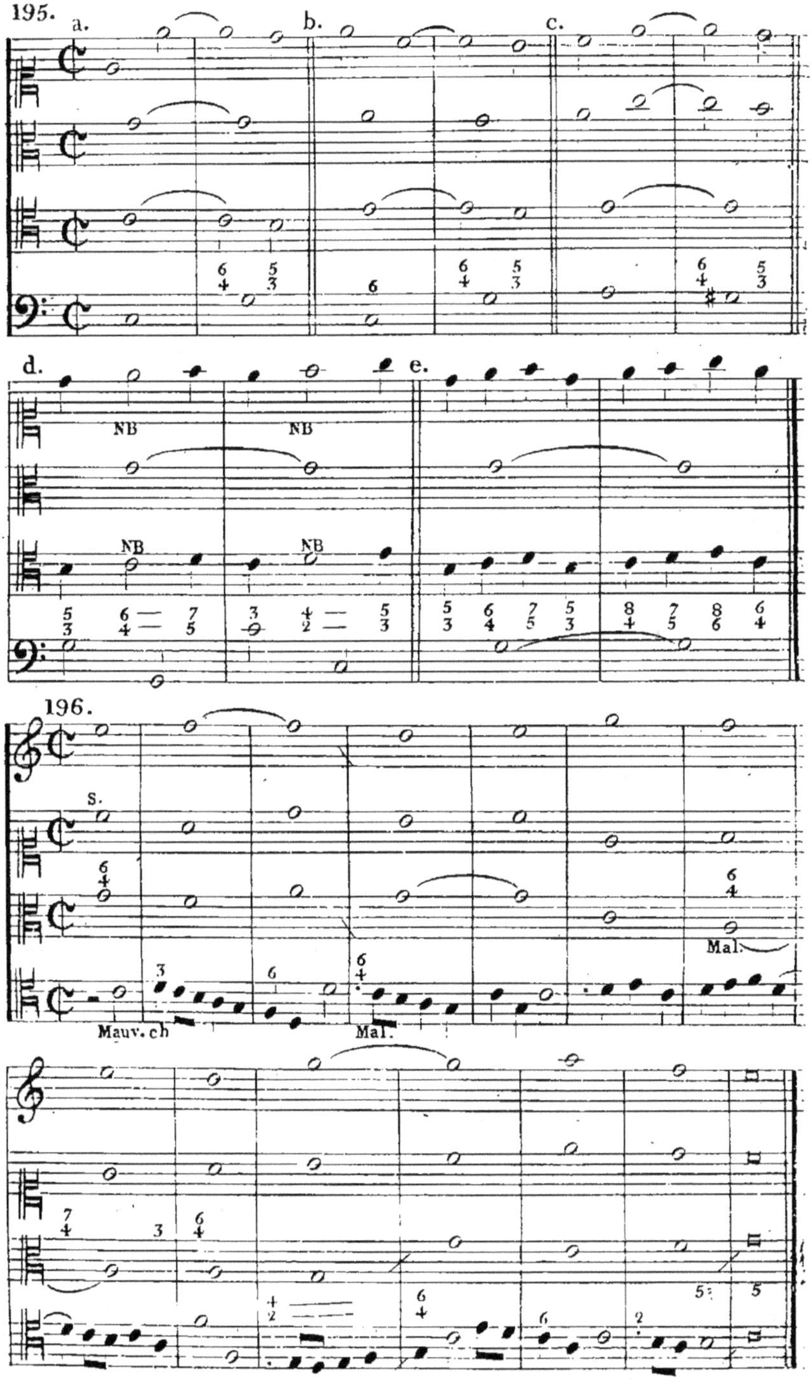
195.
a.
b.
c.
d.
e.
NB
NB
NB
NB
196.
S.
Mal.
Mauv. ch
Mal.

70

197.

198.

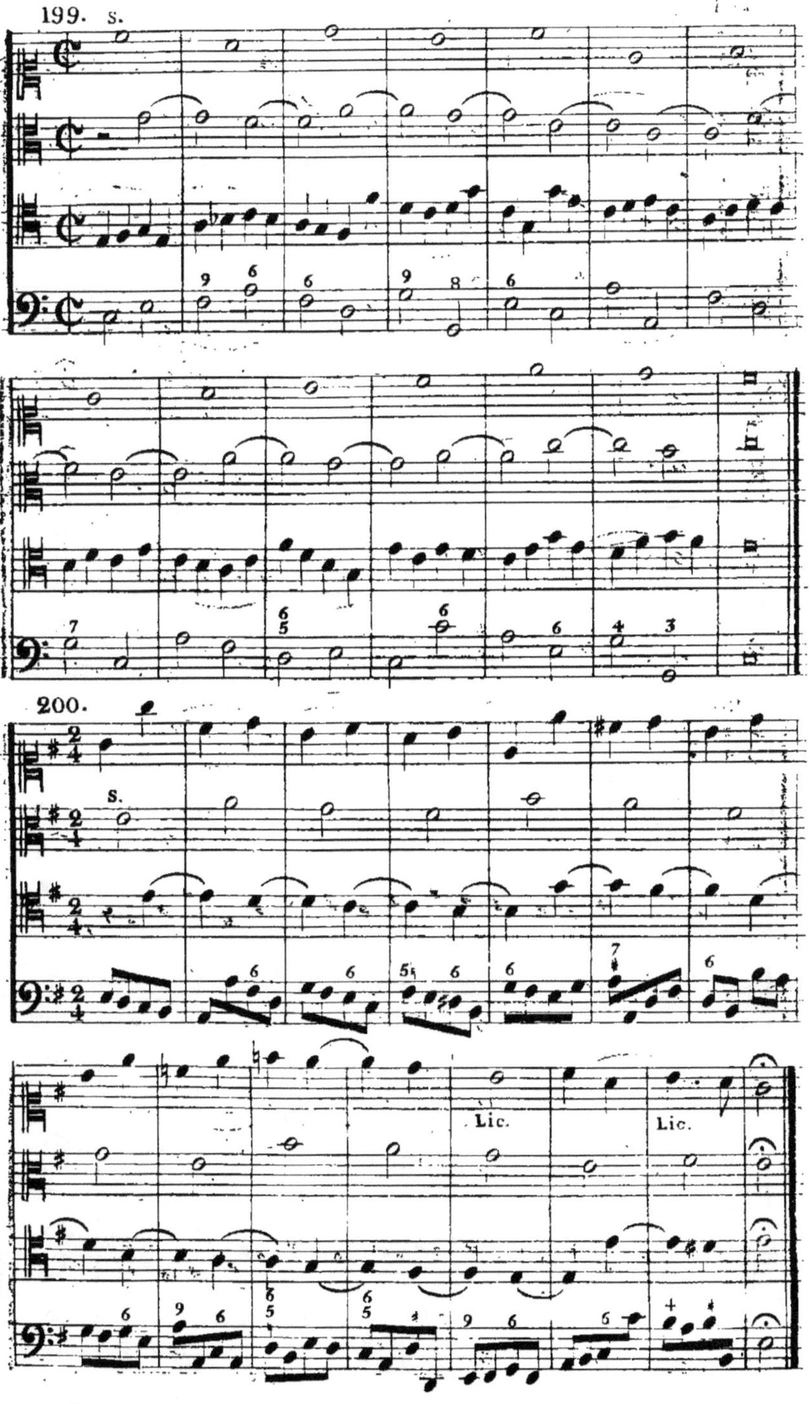
199. S.
200.
S.
Lic.
Lic.

201. s.

202.

203.

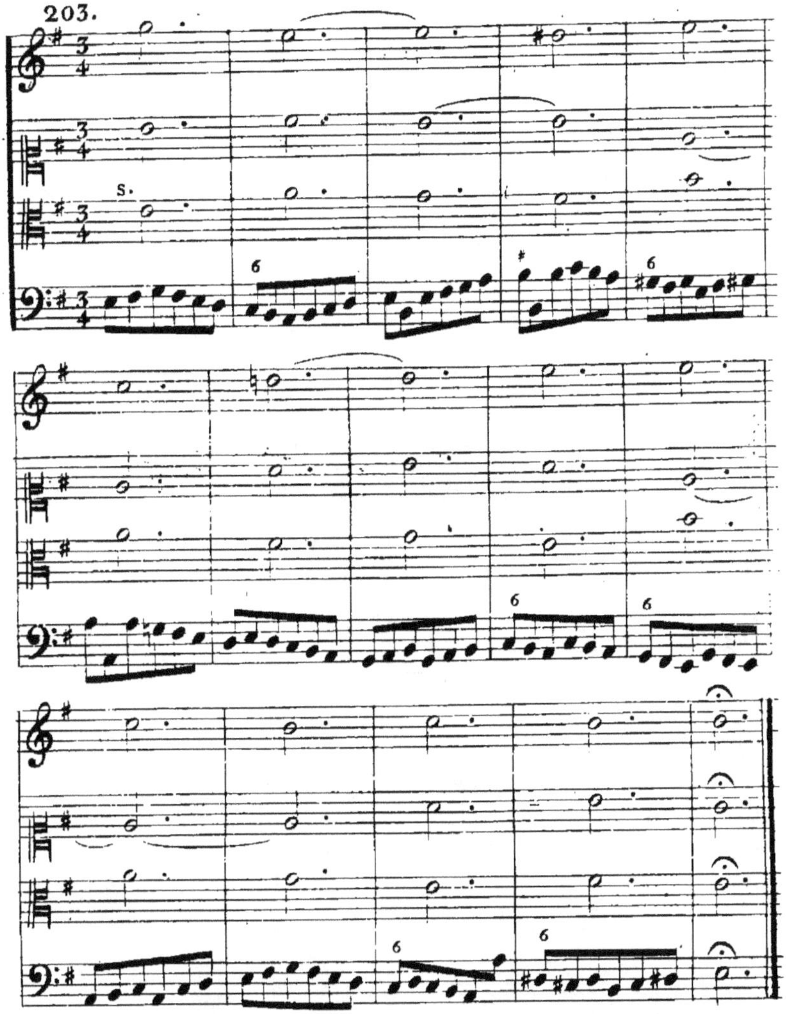

204.

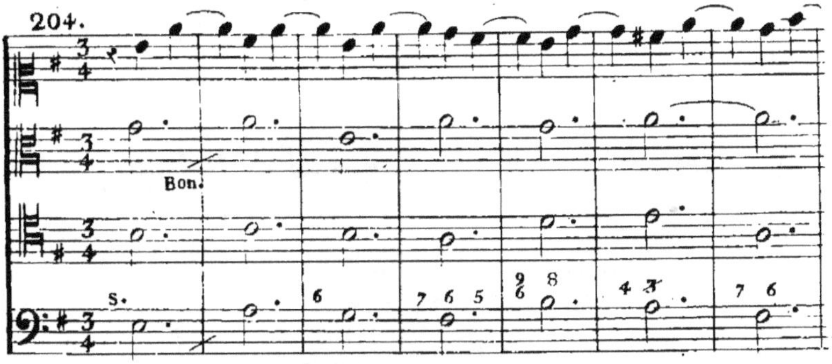

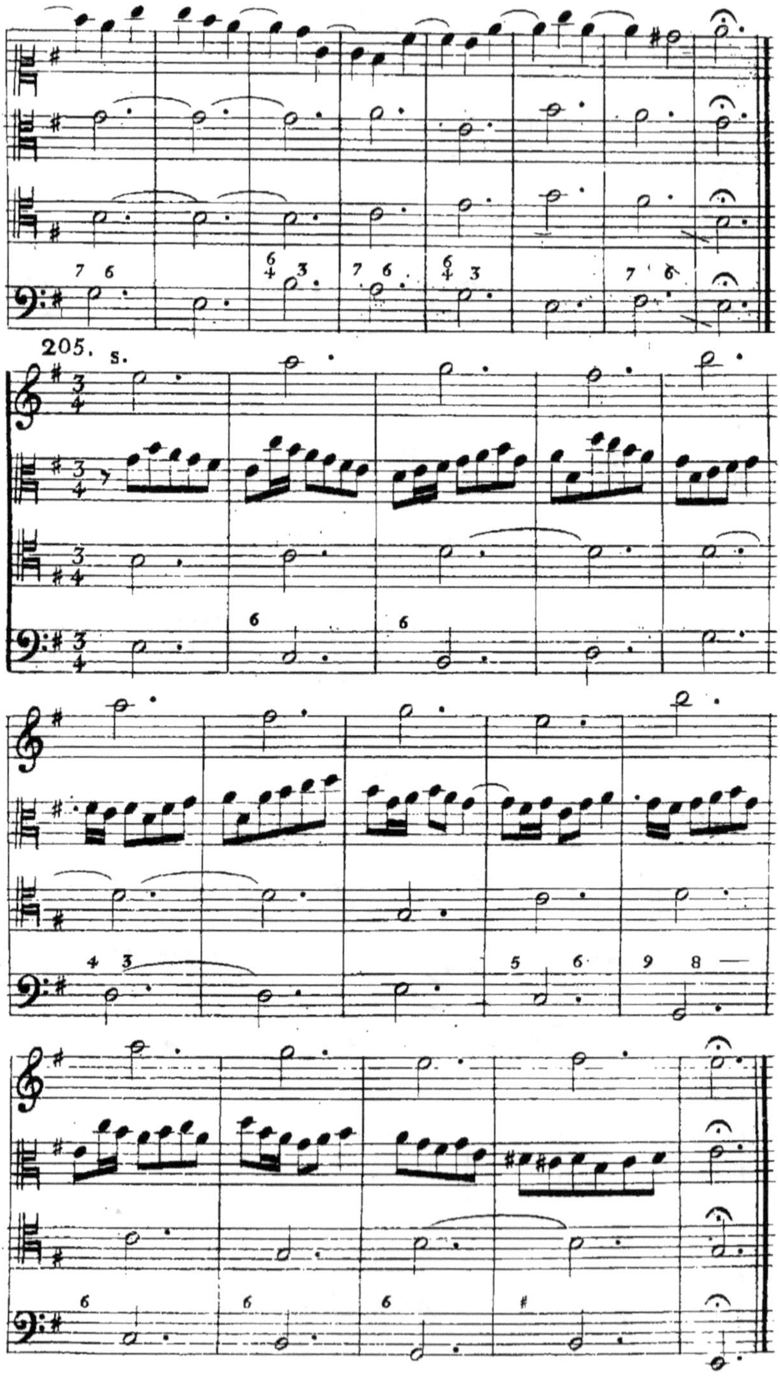
205. s.

206. a.
b.
c.
Mieux
Mal chiff.
d.
e.
Pass. à 2.
207. a.
b.
c.
d.
e.
f.
g.
h.
i.
Mal à 2
Mieux
j.
k.
l.
m.
n.

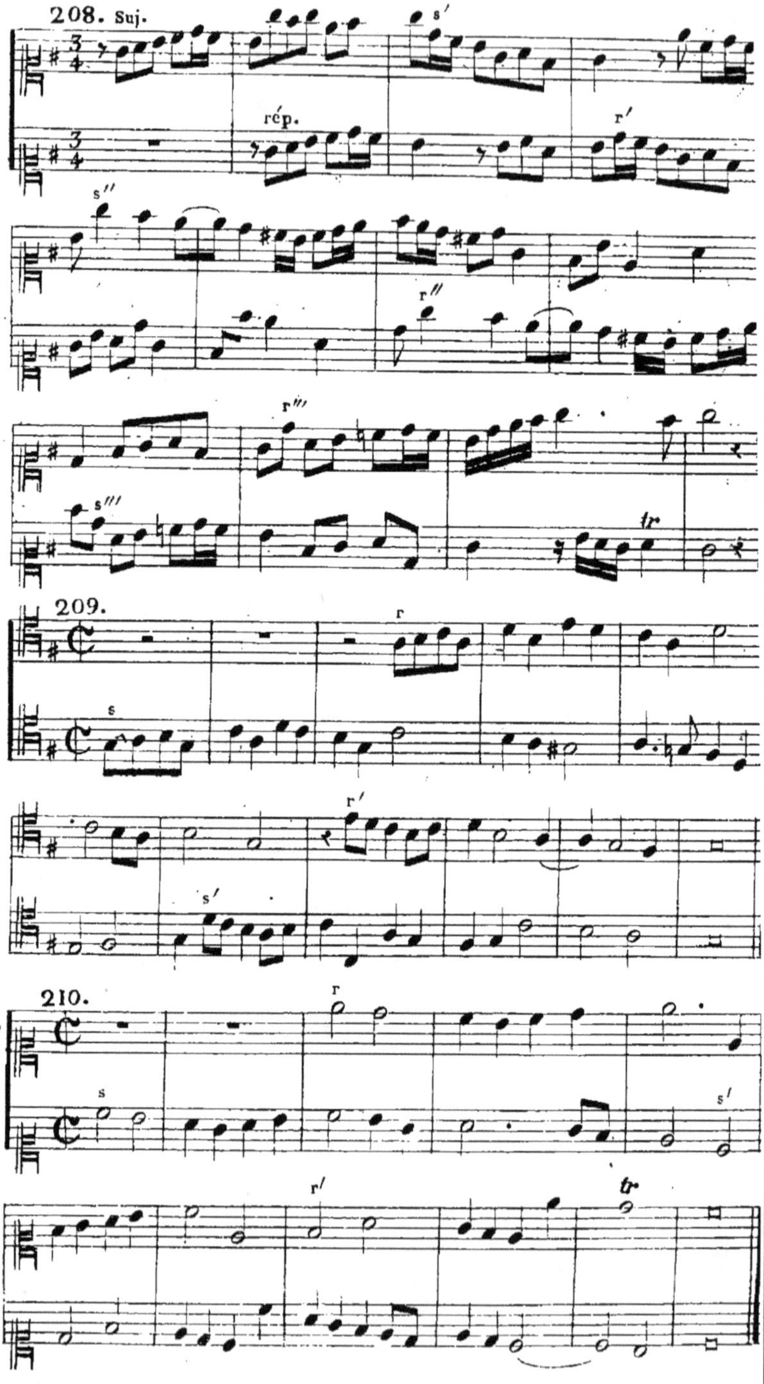
208. Suj.
s′
rép.
r′
s″
r″
r‴
s‴
tr
209.
r
s
r′
s′
210.
r
s
s′
r′
tr

211.

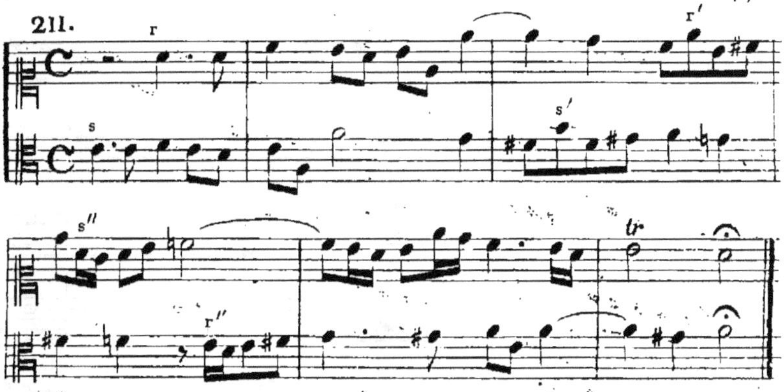

212.

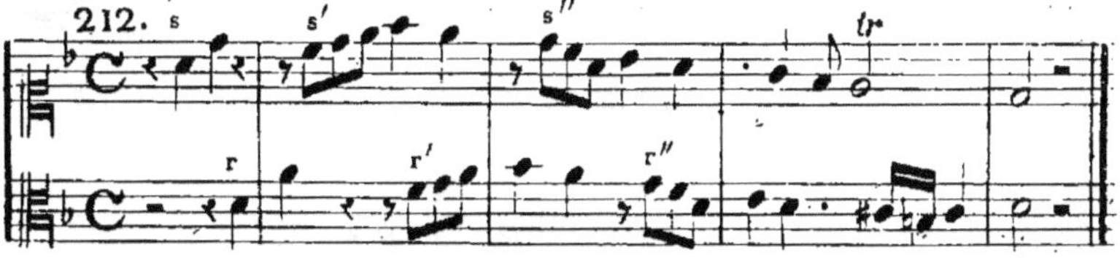

213.

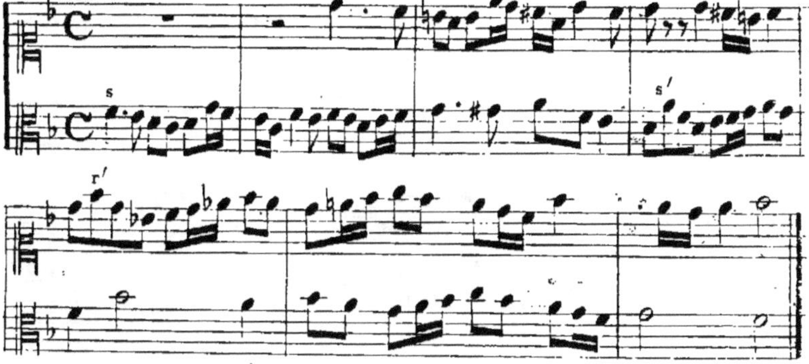

214.

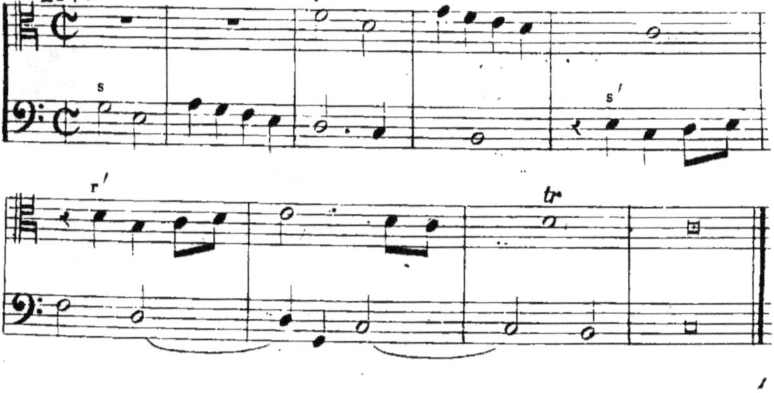

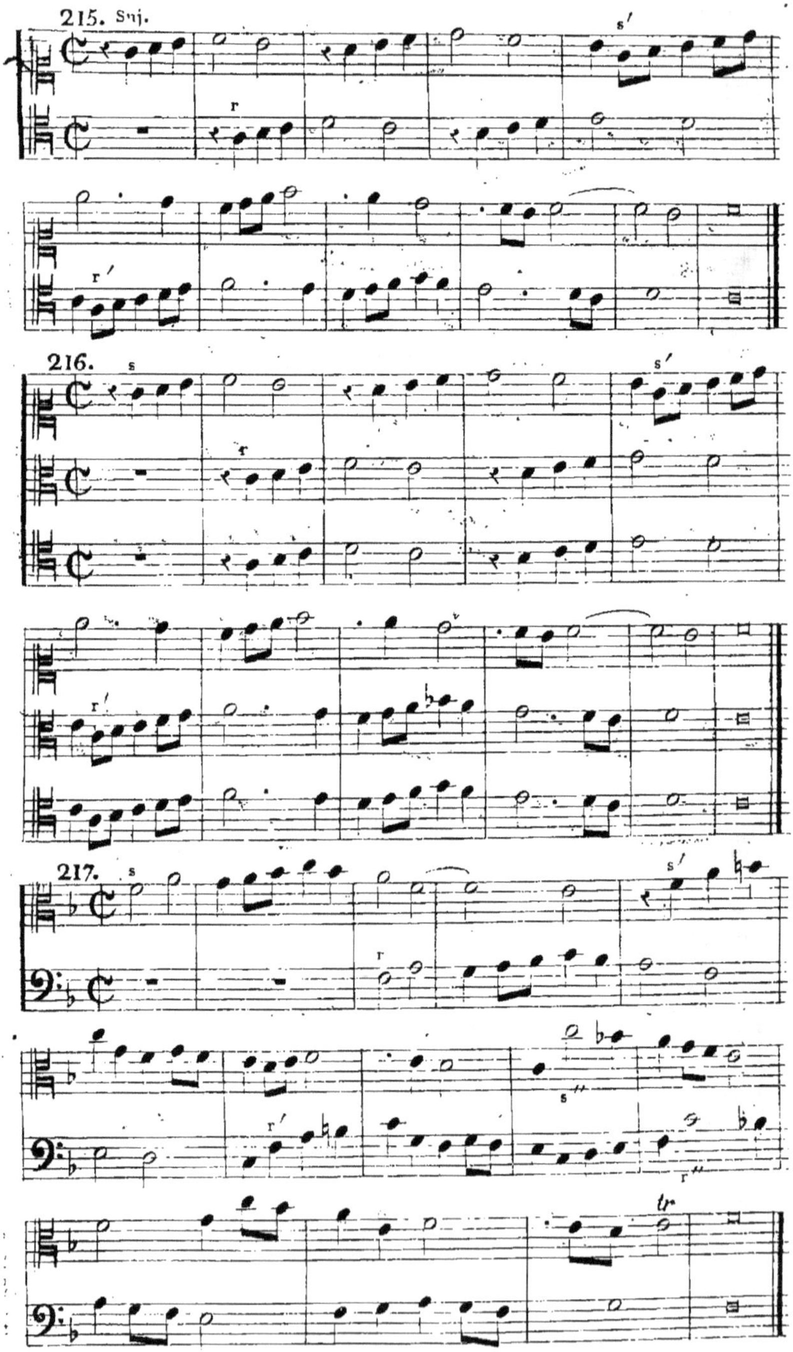
215. Suj.
216.
217.
tr

218.

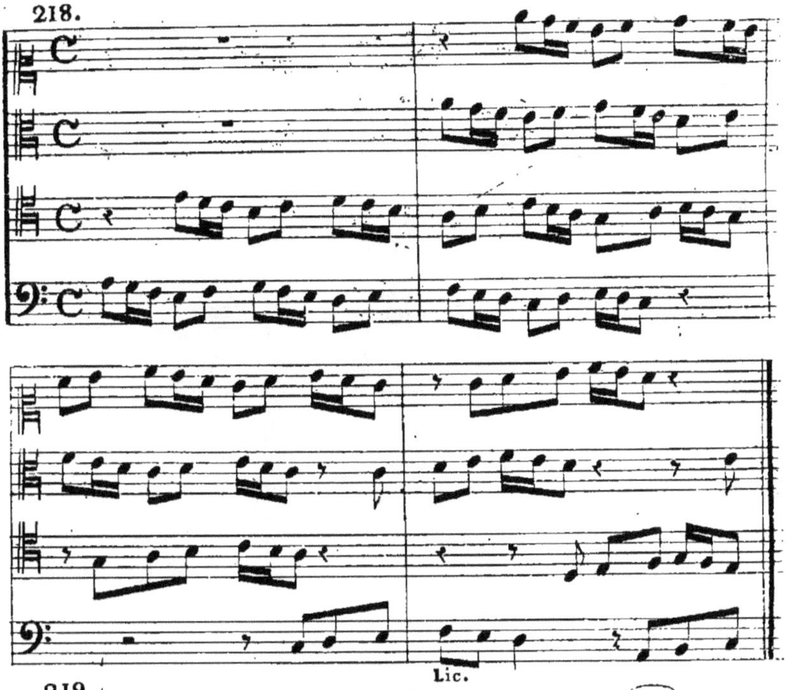

219.

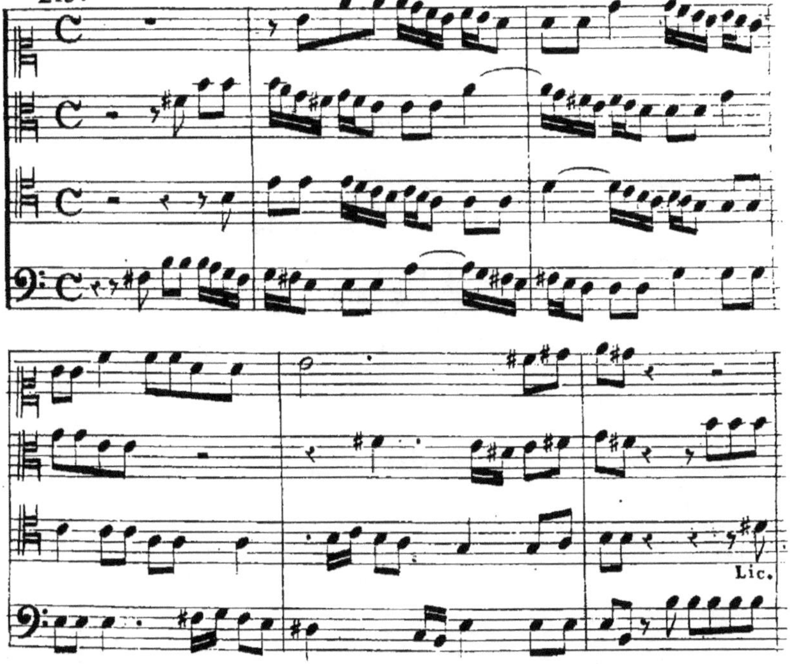

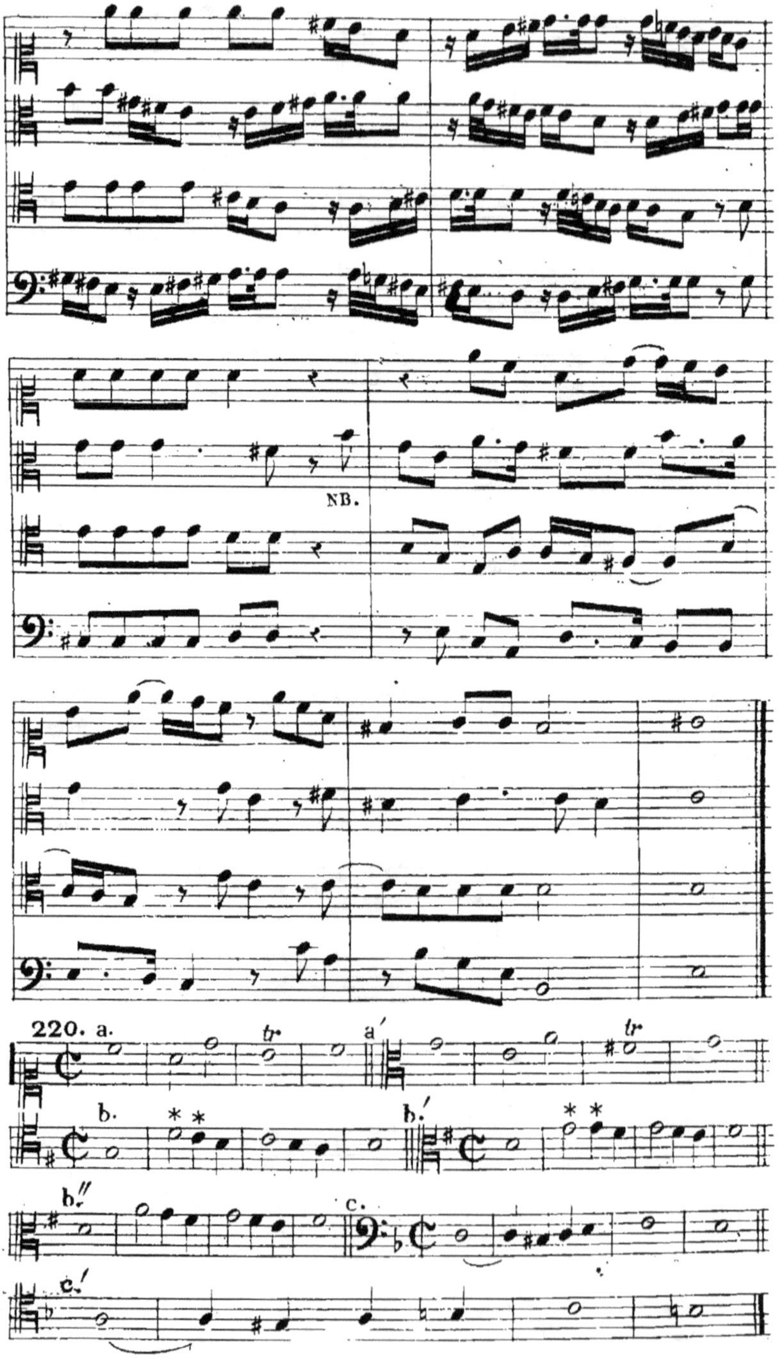
NB.
220. a.
tr
a'
tr
b.
* *
b.'
* *
b.''
c.
c.'

221.a.

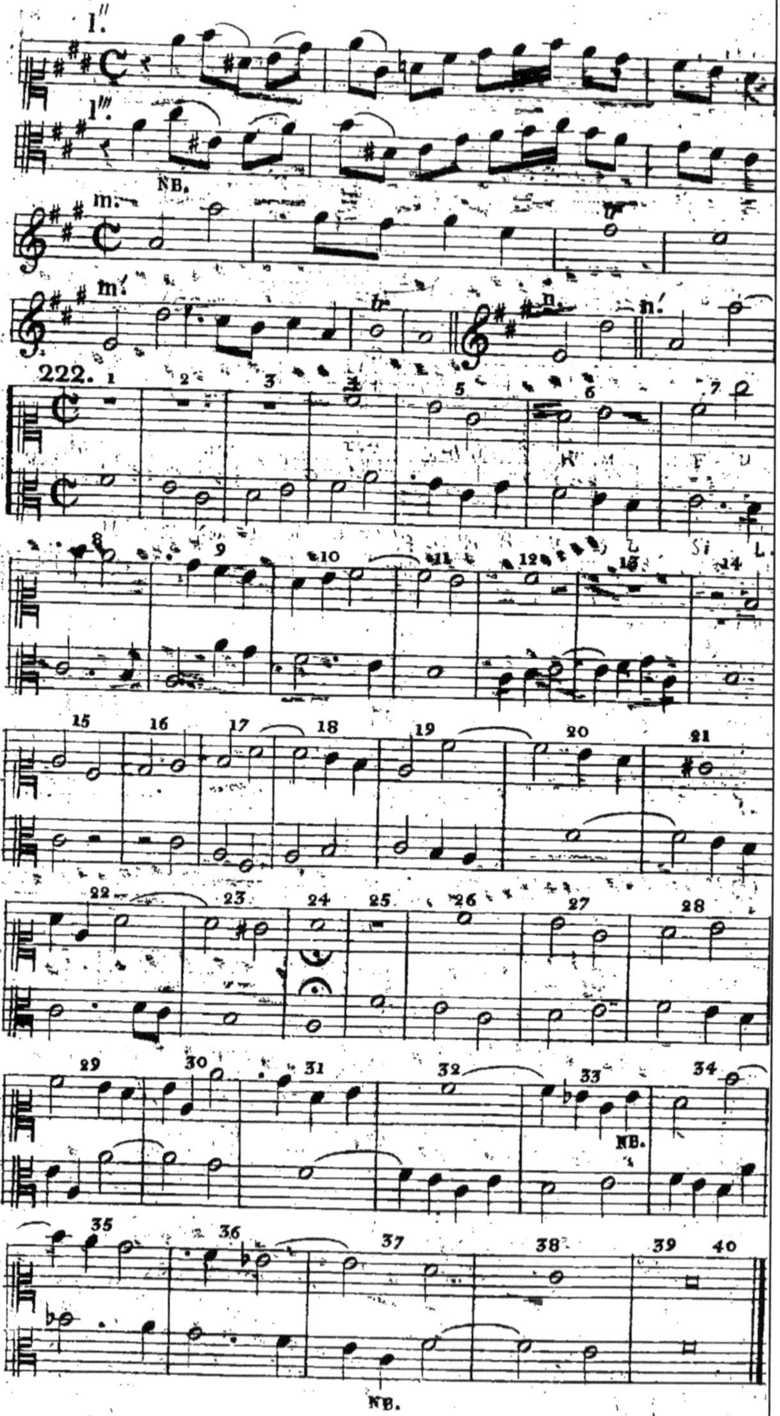
l''
l'''.
NB.
m:
m!
n.
n!
222.
NB.
NB.

223.

R.
tr
r.i.
S.
tr
i.
1re cad.
Renv. rep.
Renv. S.
2e cad.
R.
Str.

224.

im.
R.
rep.im.
NB.
NB. R. renv.

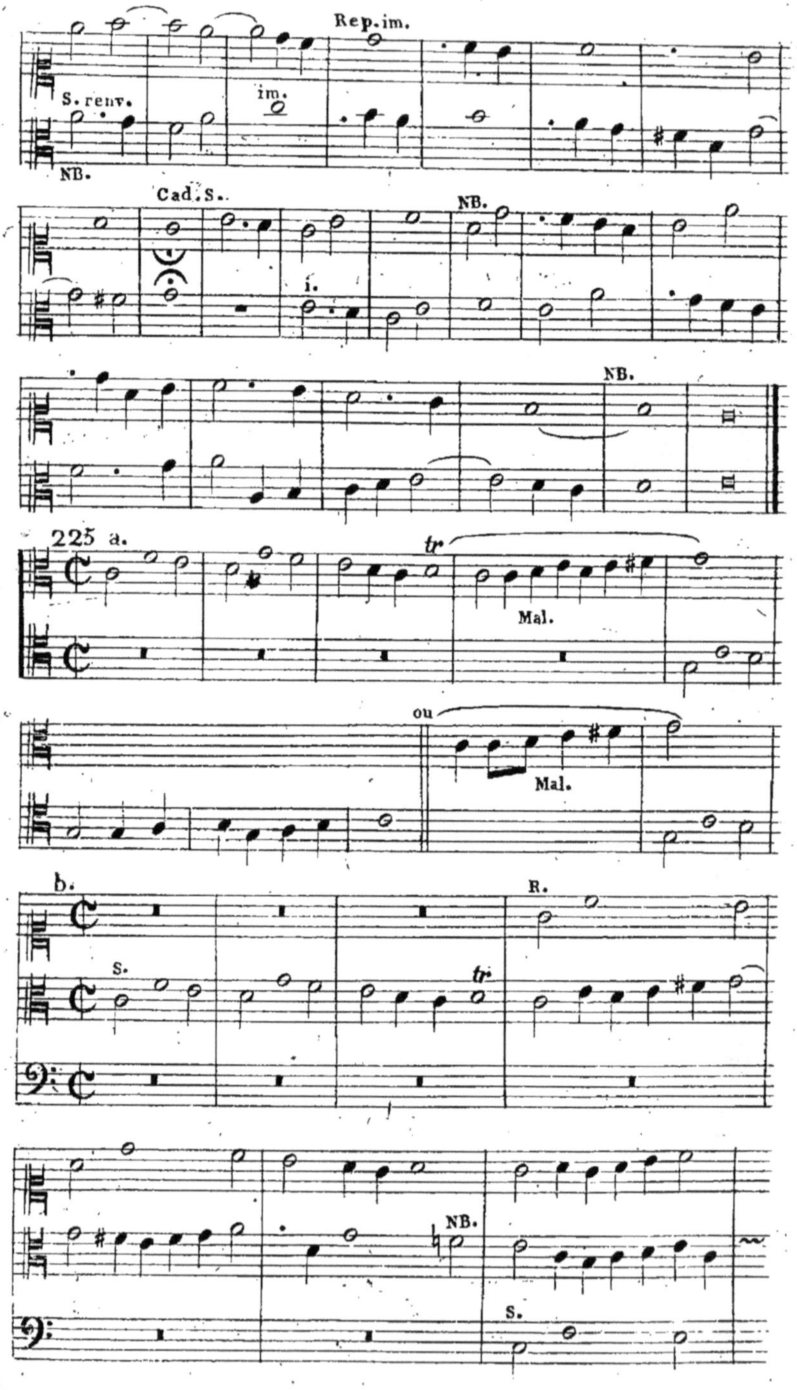

Rep.im.
S. renv.
im.
NB.
Cad. S.
i.
NB.
NB.
225 a.
tr
Mal.
ou
Mal.
b.
R.
S.
tr
NB.
S.

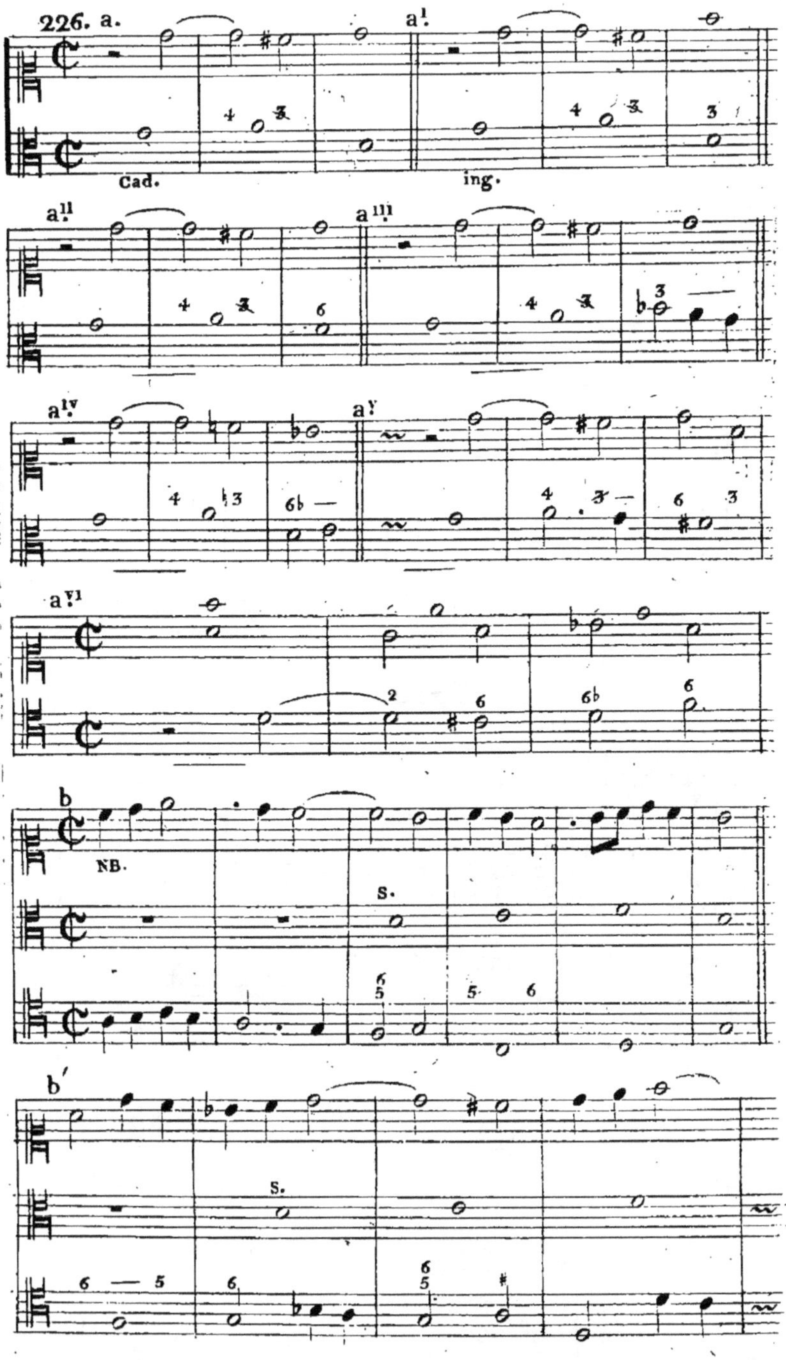
226. a.
a.i
Cad.
ing.
a.ii
a.iii
a.iv
a.v
a.vi
b
NB.
S.
b′
S.

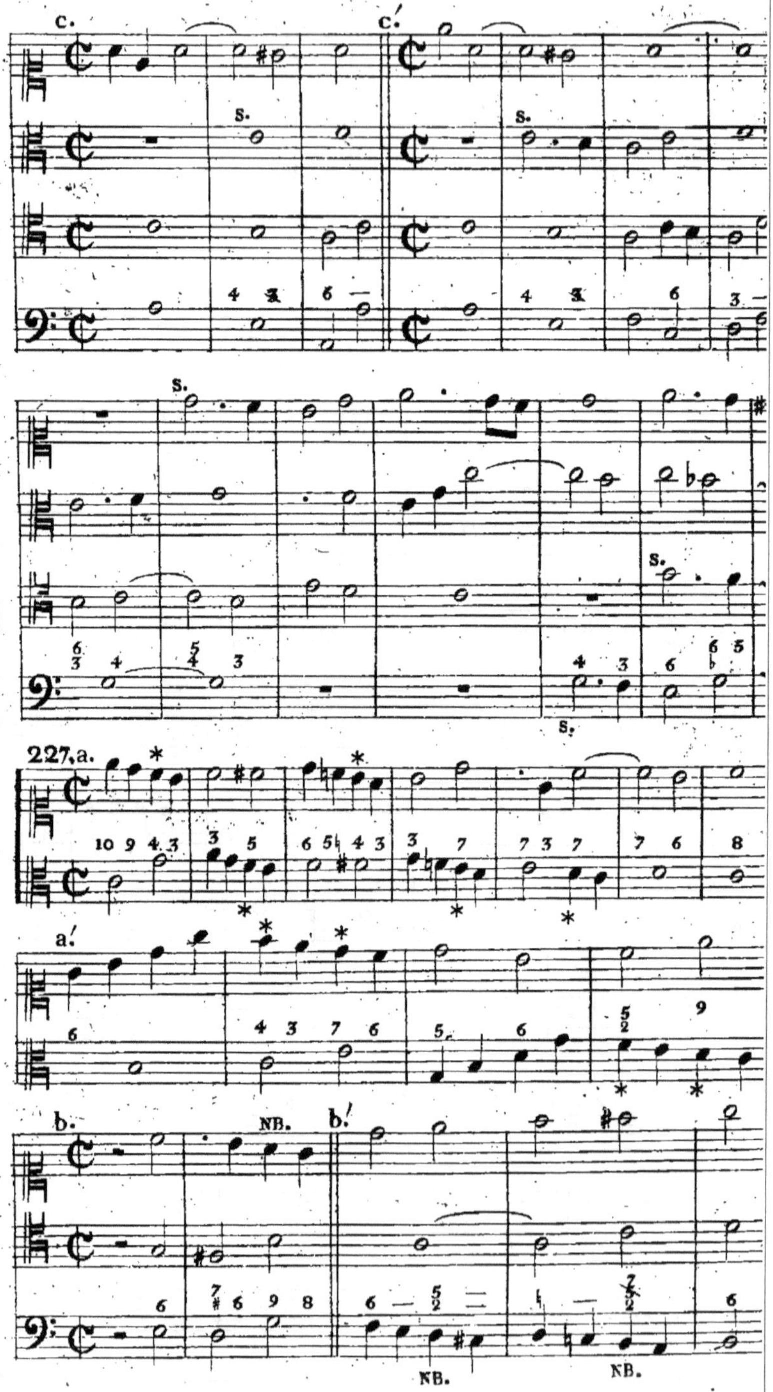
c.
c!
S.
S.
S.
S.
S.
S.
227.a.
a!
b.
NB.
b!
NB.
NB.

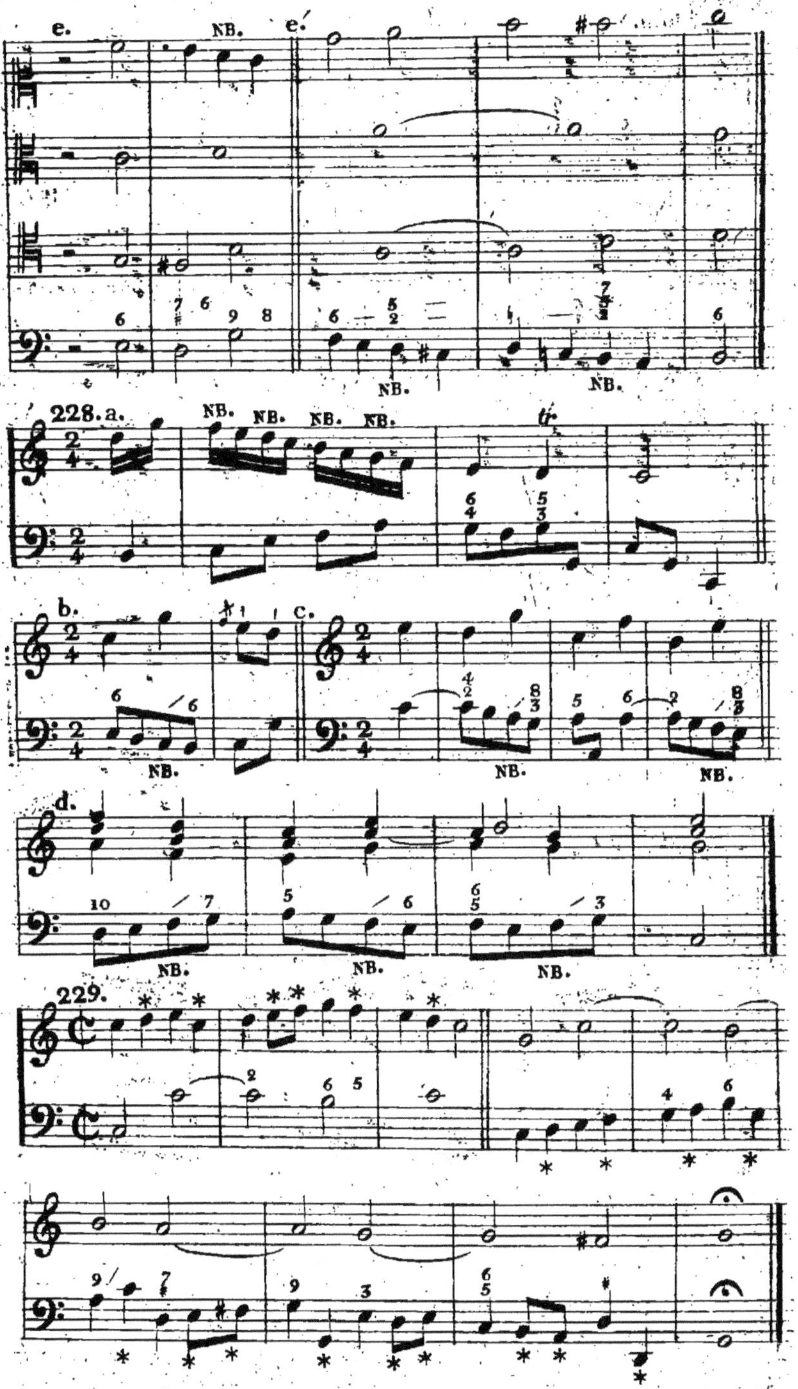
e.
NB.
e'.
NB.
NB.
228. a.
NB.
NB.
NB.
NB.
tr
b.
NB.
c.
NB.
NB.
d.
NB.
NB.
NB.
229.

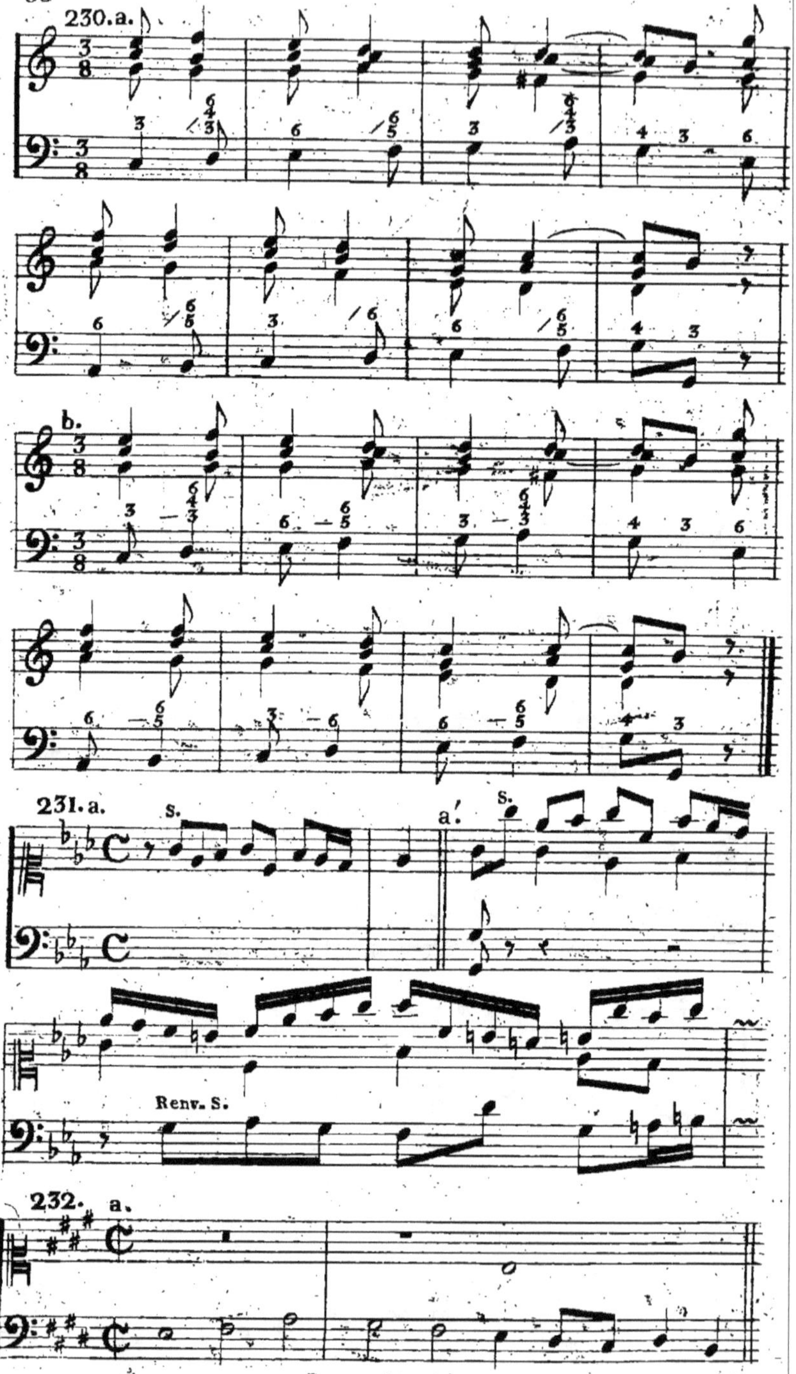
230. a.
b.
231. a.
S.
a'
S.
Renv. S.
232. a.

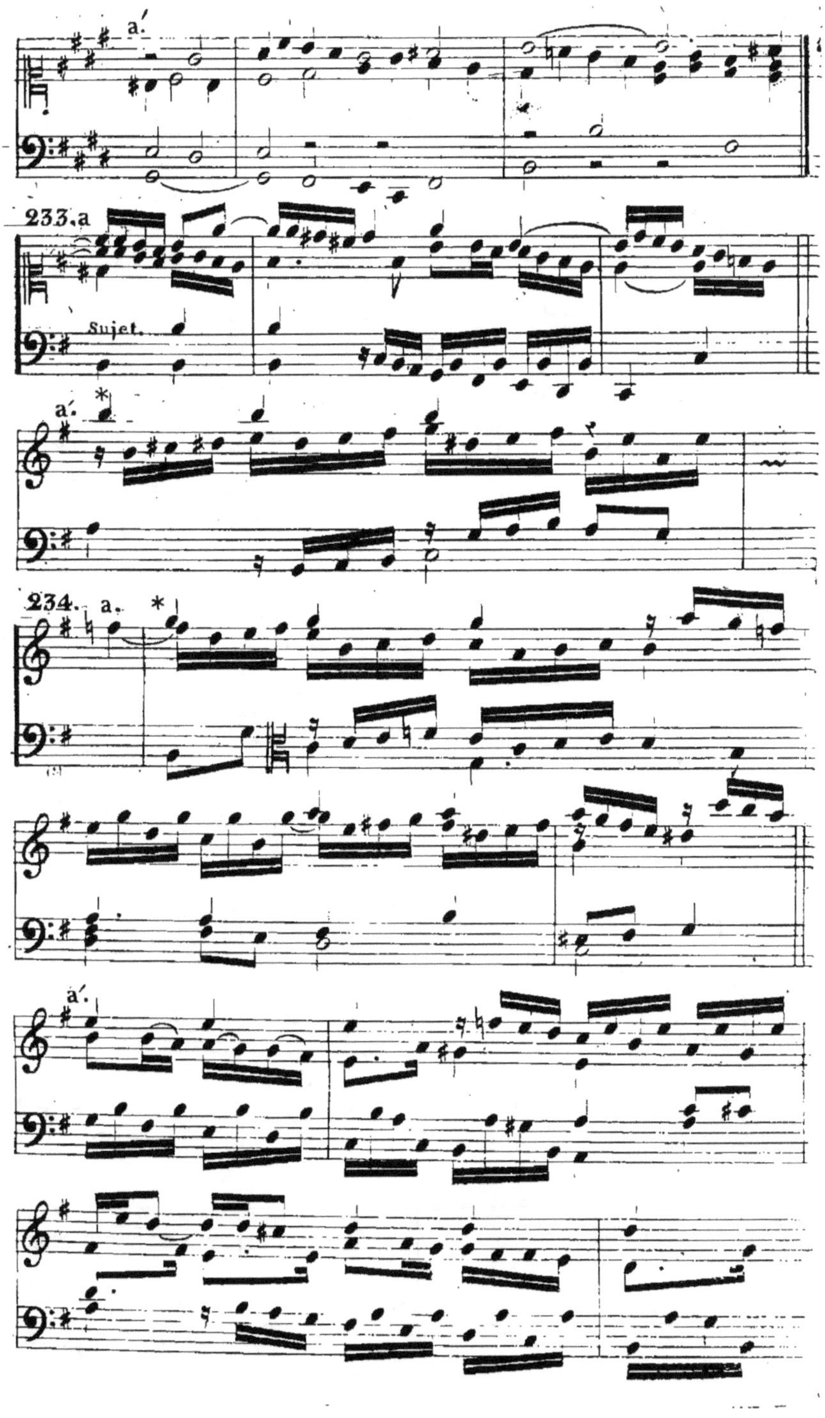
a'
233. a
Sujet.
a'
234. a.
a'

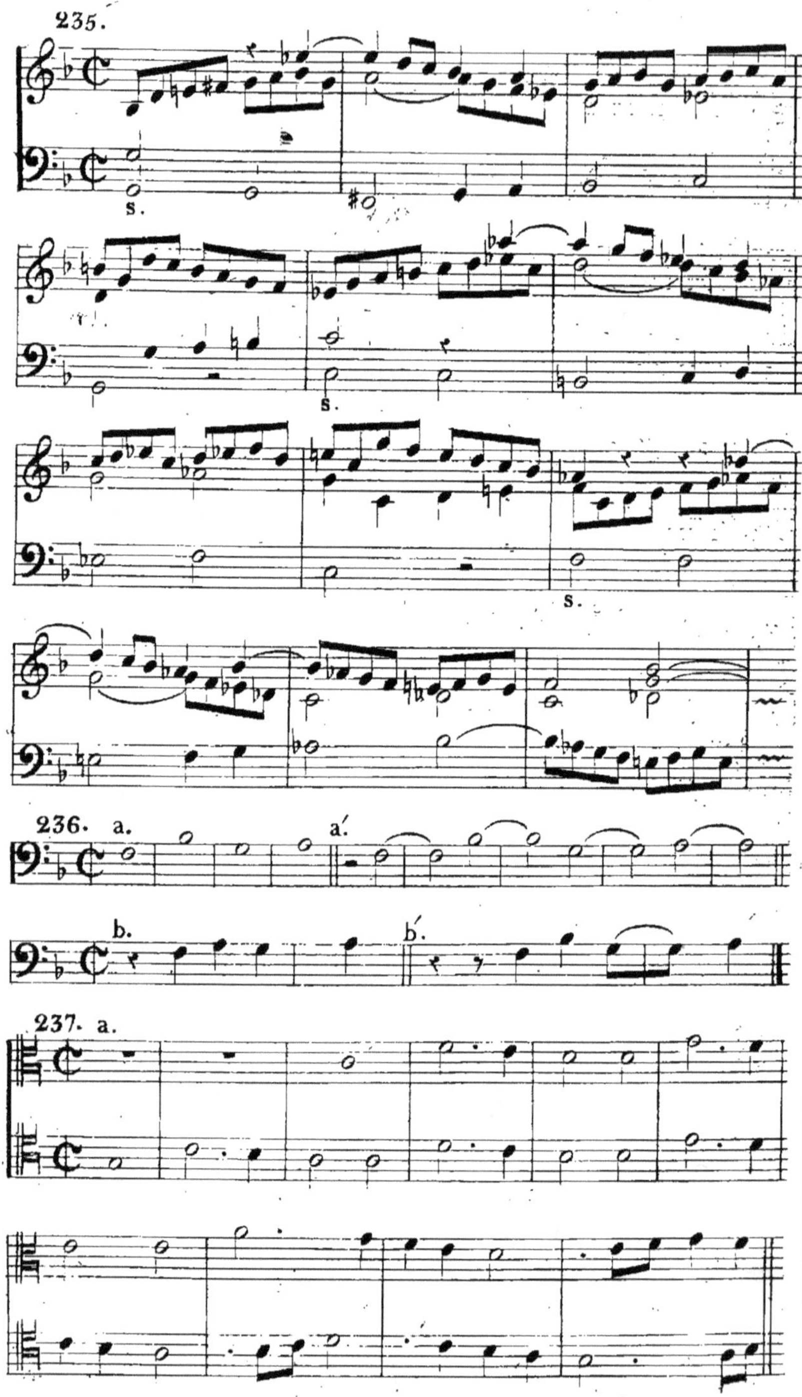
235.
s.
s.
s.
236. a.
a'.
b.
b'.
237. a.

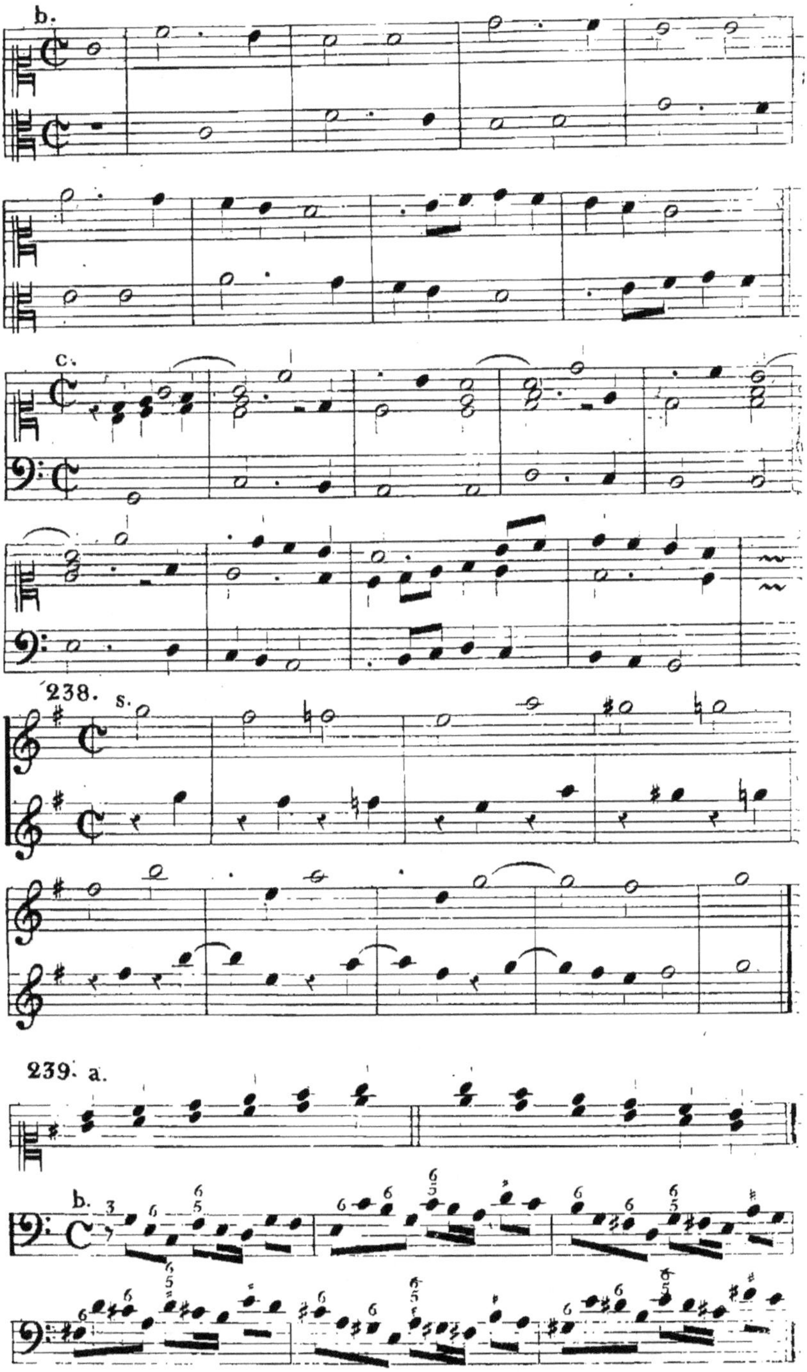
b.
c.
238. s.
239. a.
b.

240. à 3.
a. 1 2 3 a.′ 1 2 3
b. 1 2 3 b.′ 1 2 3
à 4.
c. 1 2 3 4 c.′ 1 2 3 4
d. 1 2 3 4 d.′ 1 2 3 4
241. a. 2de a.
b. 3ce b.′
c. 4te c.′
d. 6te d.′
e.
e.′
242.
NB.1.

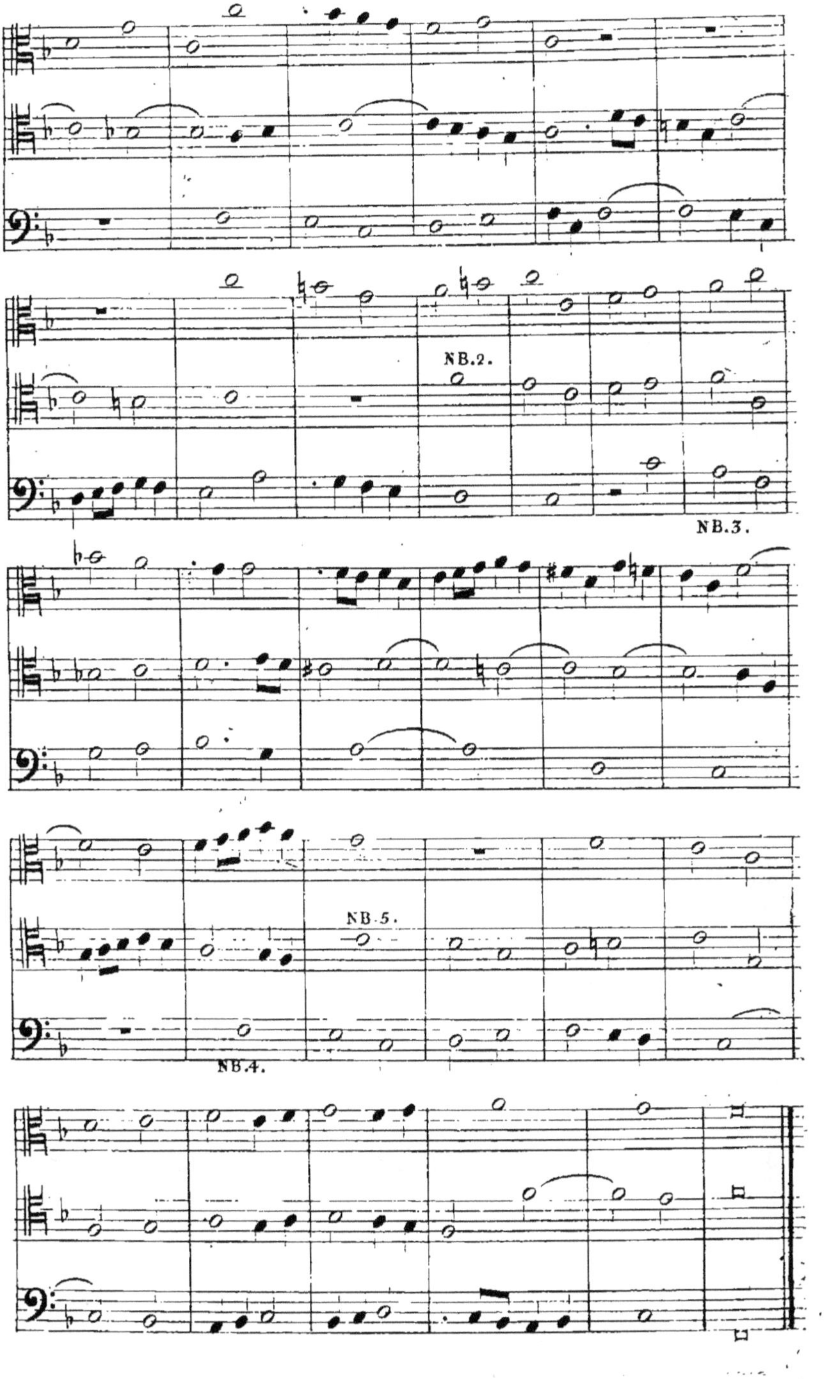
NB.2.
NB.3.
NB.5.
NB.4.

94.

243.

244.

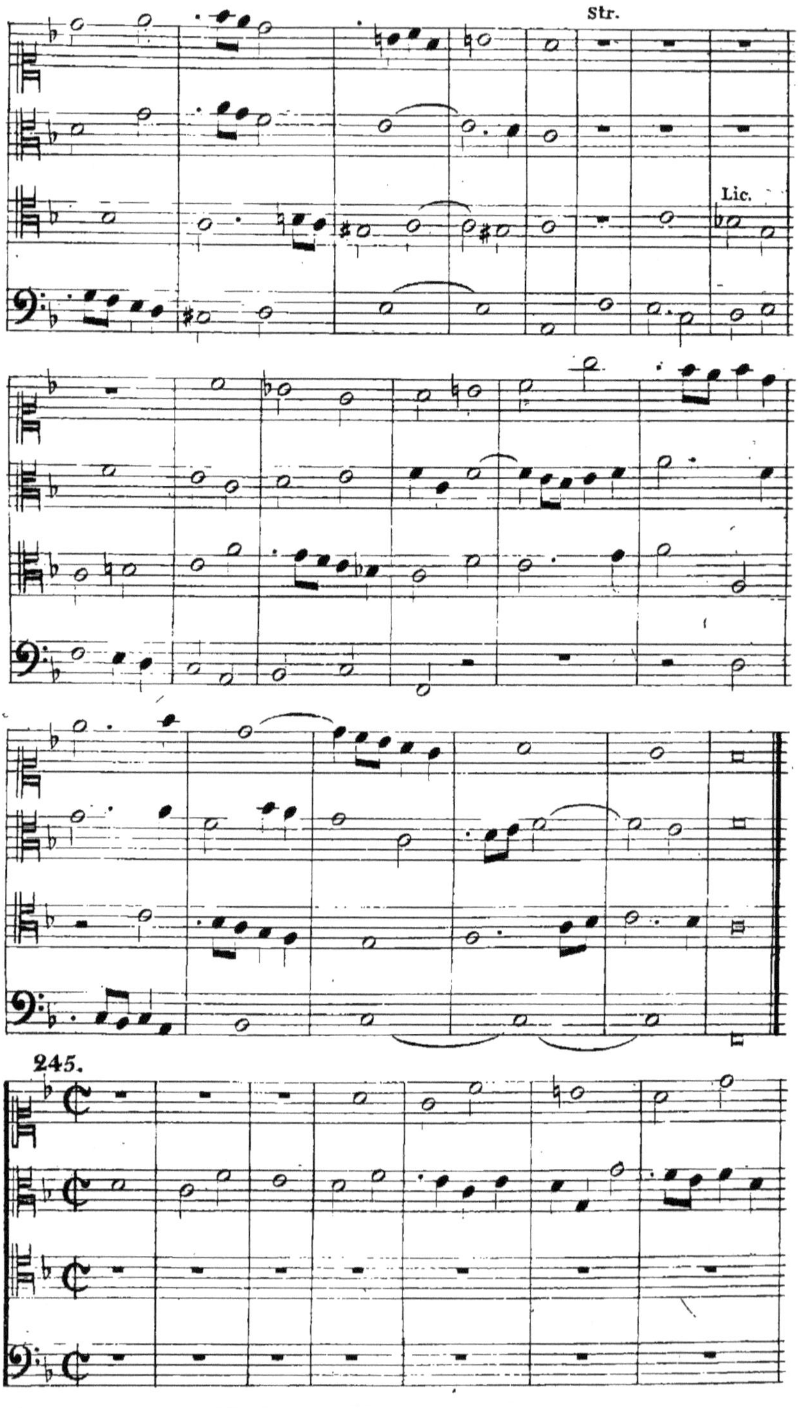
Str.
Lic.
245.

98

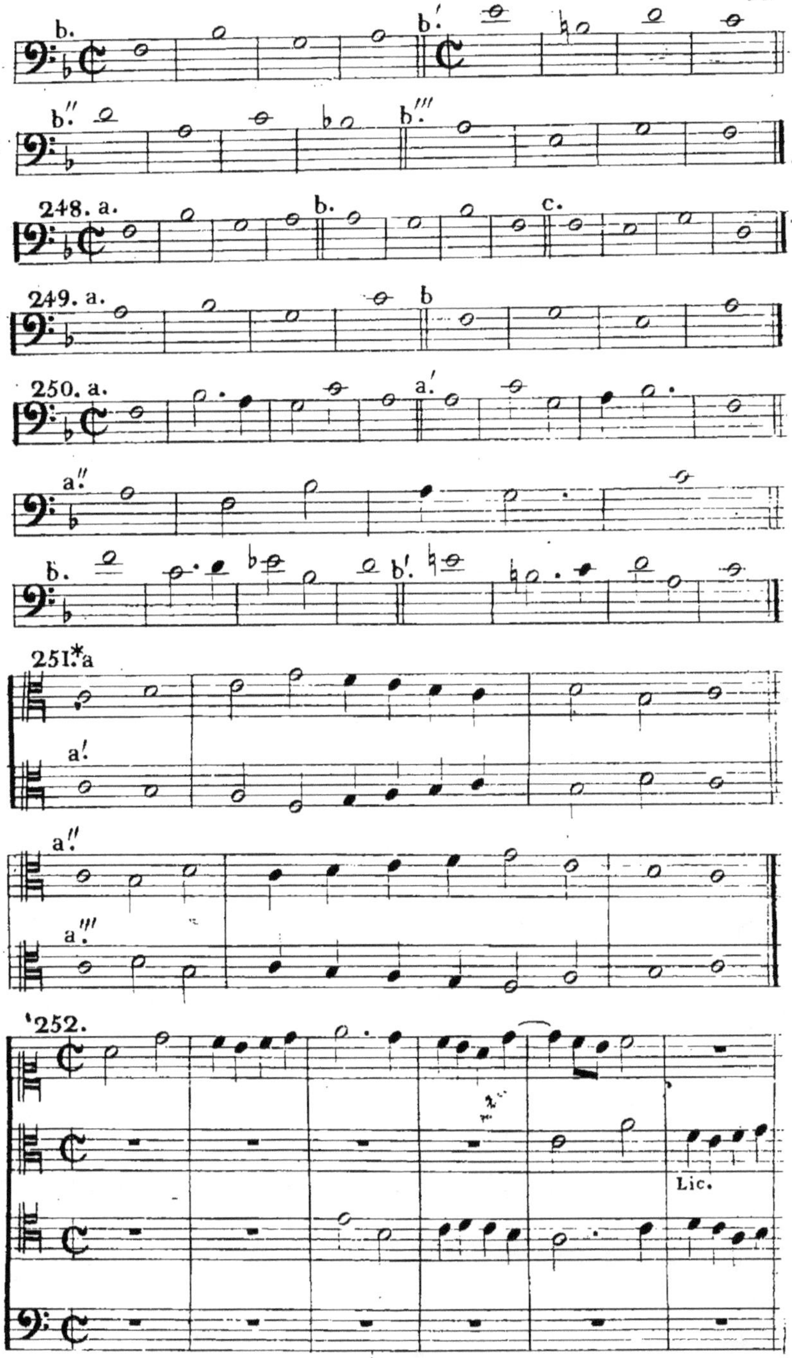
b.
b'
b''
b'''
248. a.
b.
c.
249. a.
b
250. a.
a'
a''
b.
b'.
251.*a
a'
a''
a'''
252.
Lic.

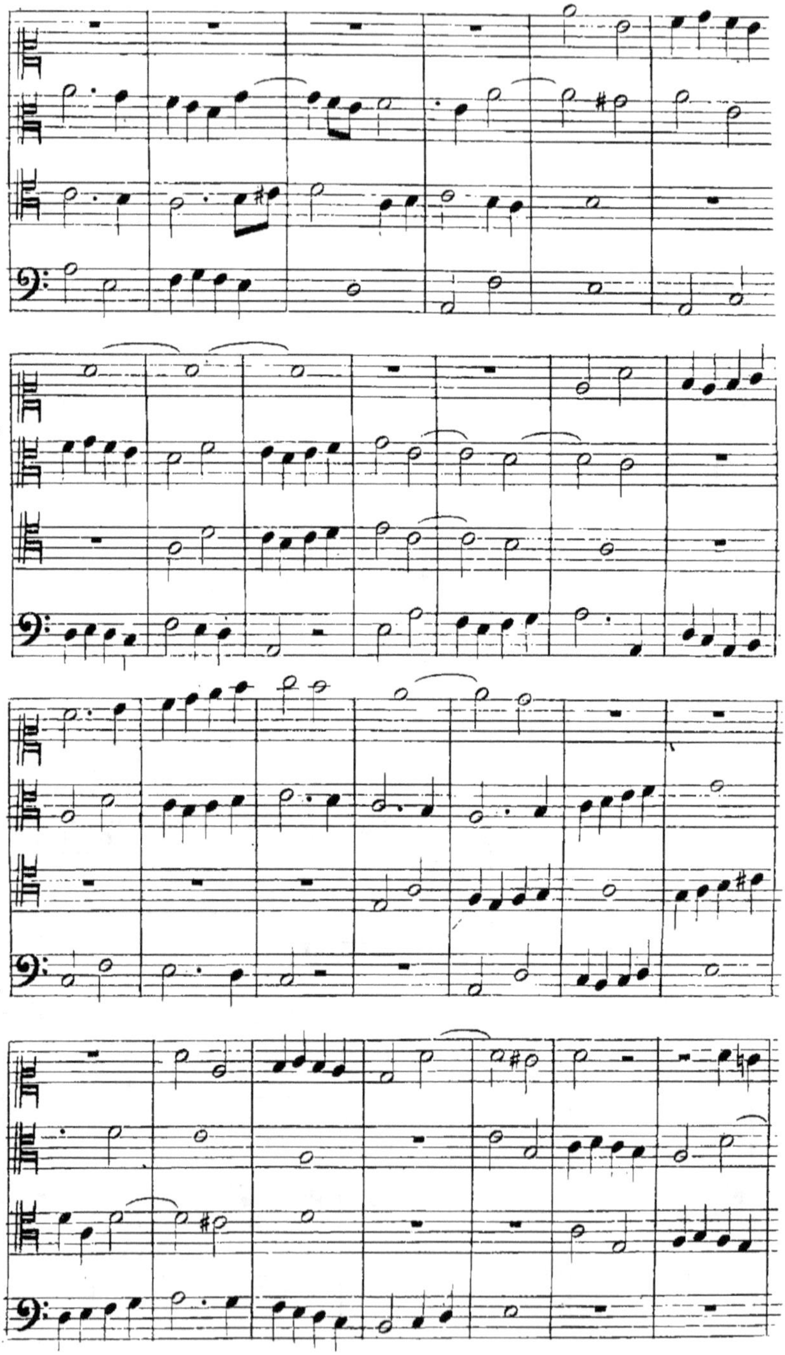

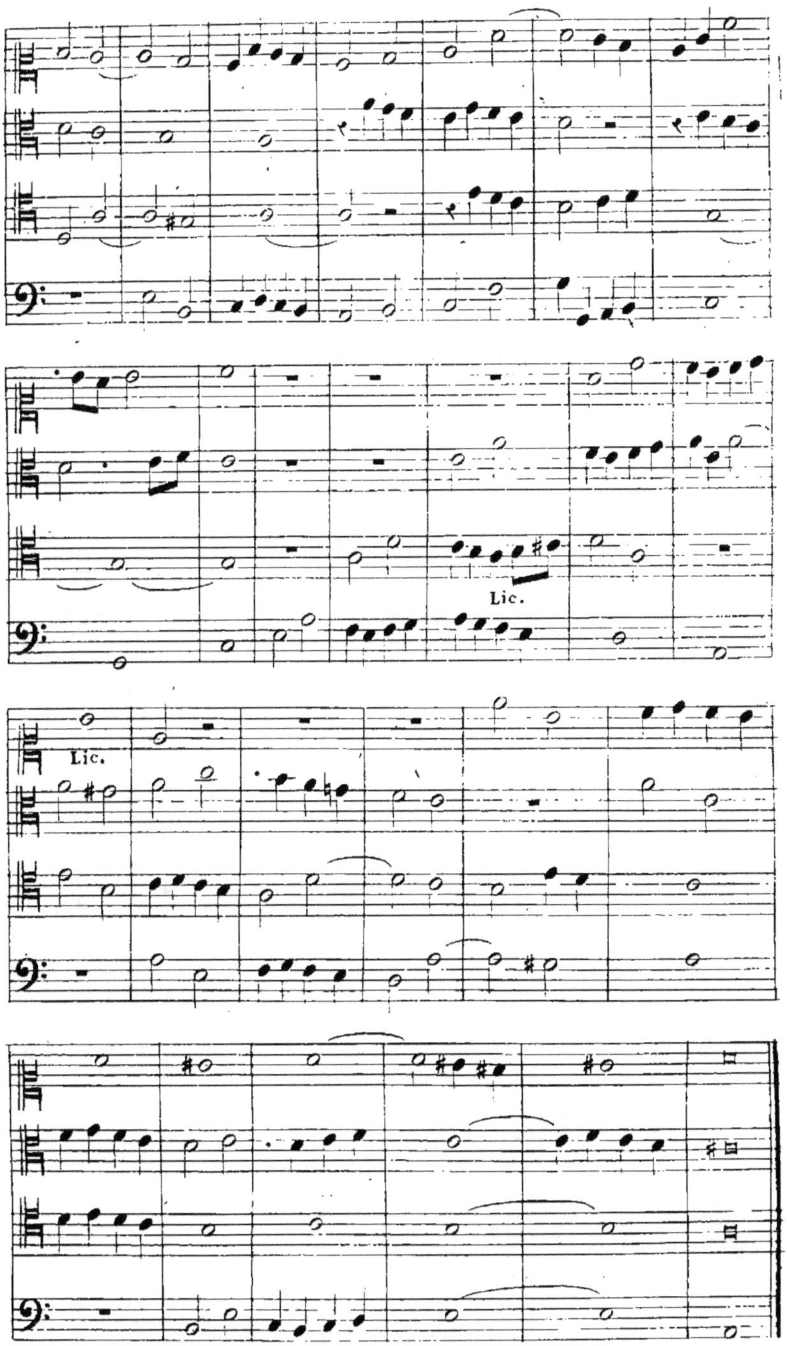
Lic.
Lic.

253.

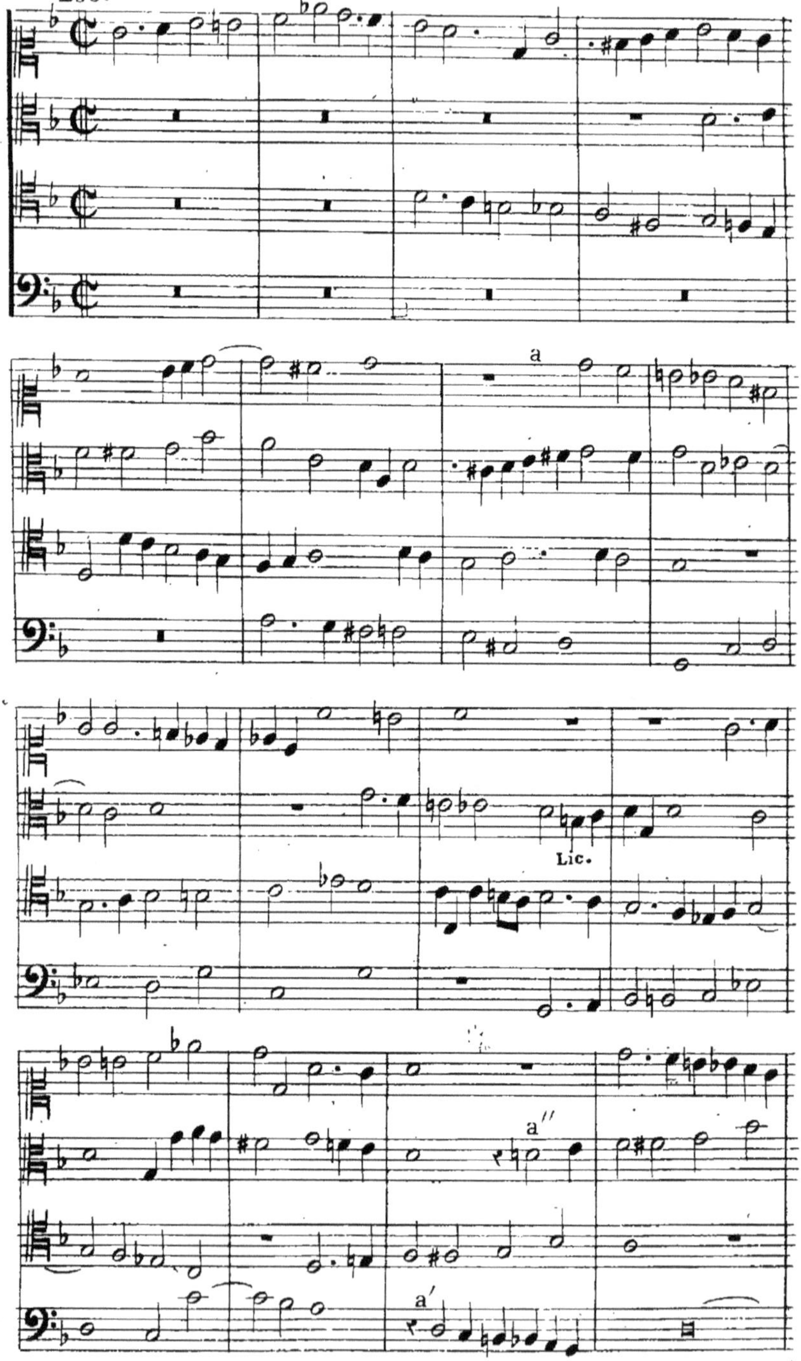

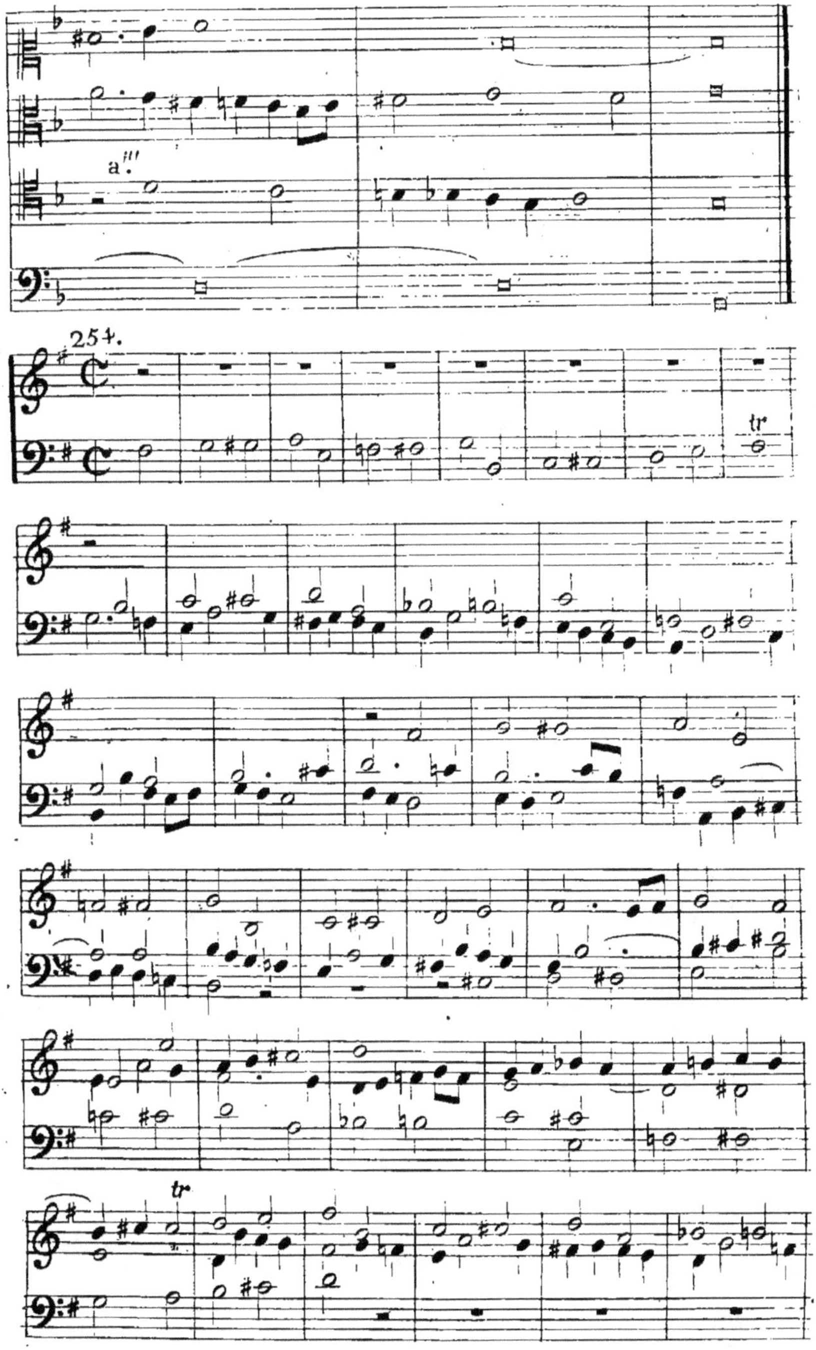
a'''
254.
tr
tr

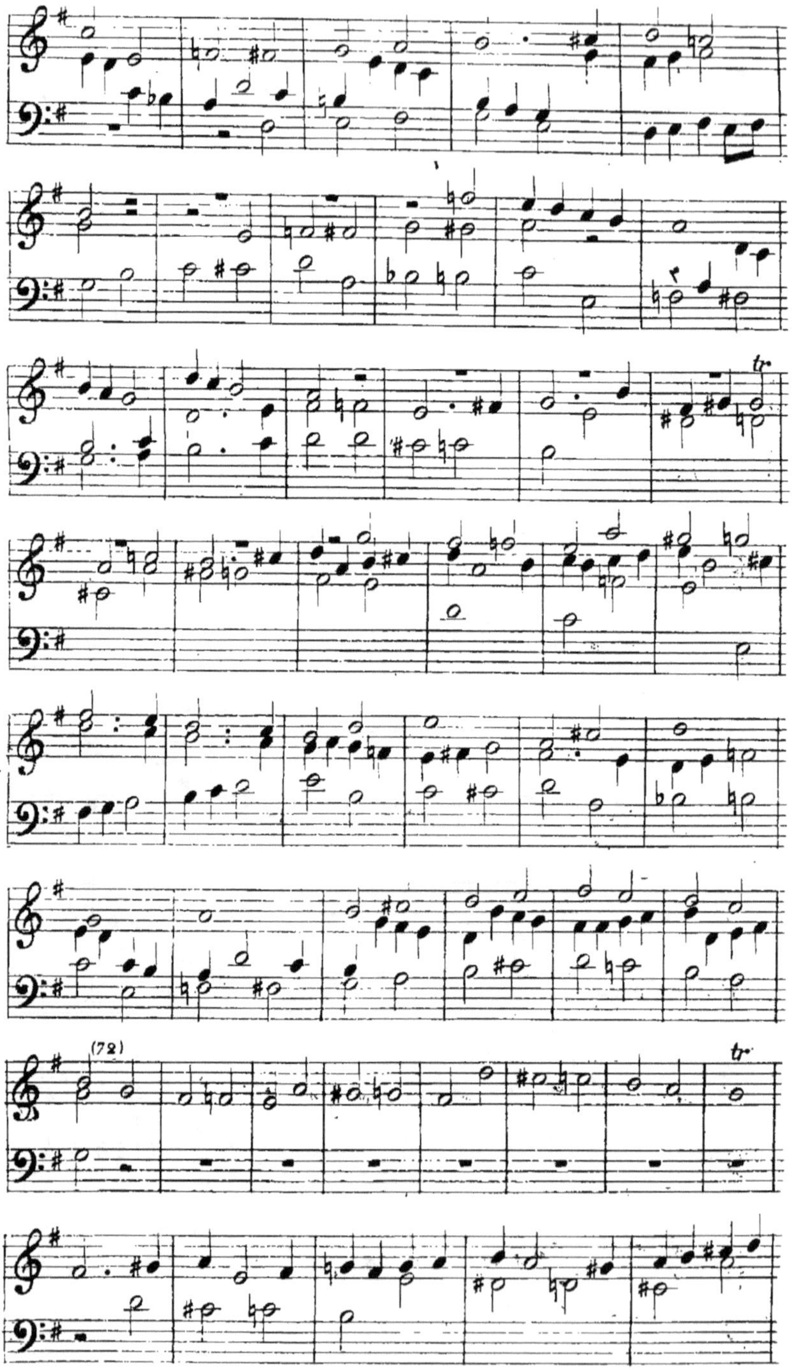
tr
(72)
tr

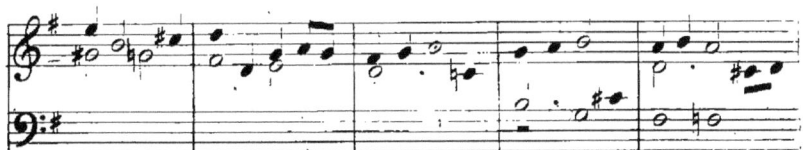

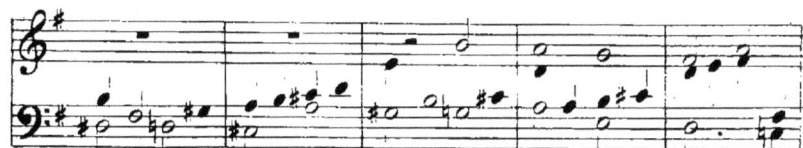

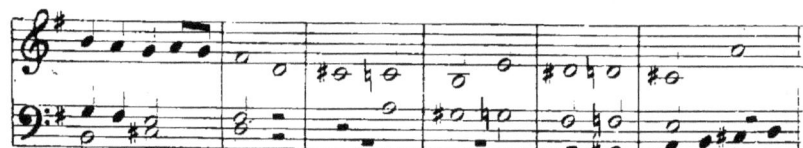

106.

(143.)

NB

255. Moderato.

Moderato.

Pl.Ch.

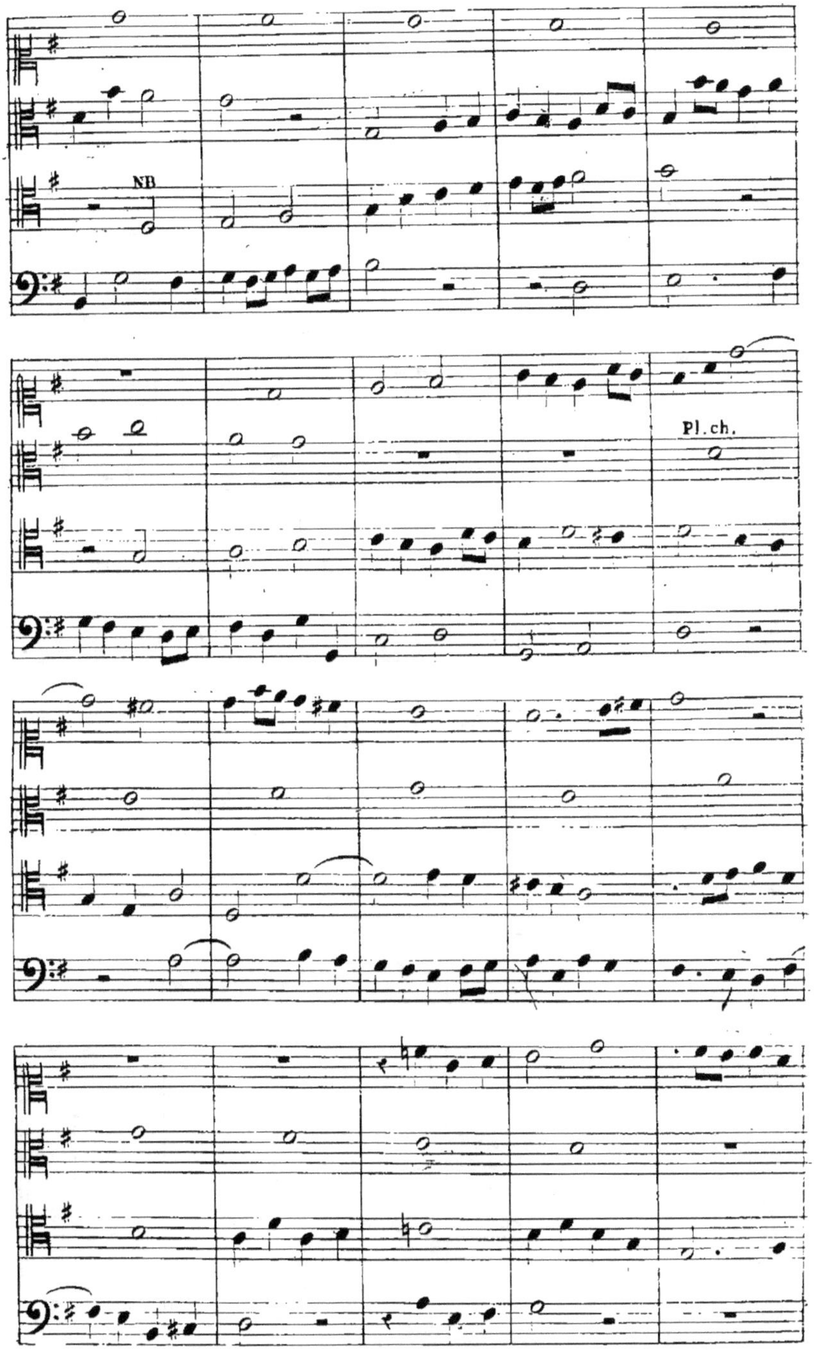
NB
Pl. ch.

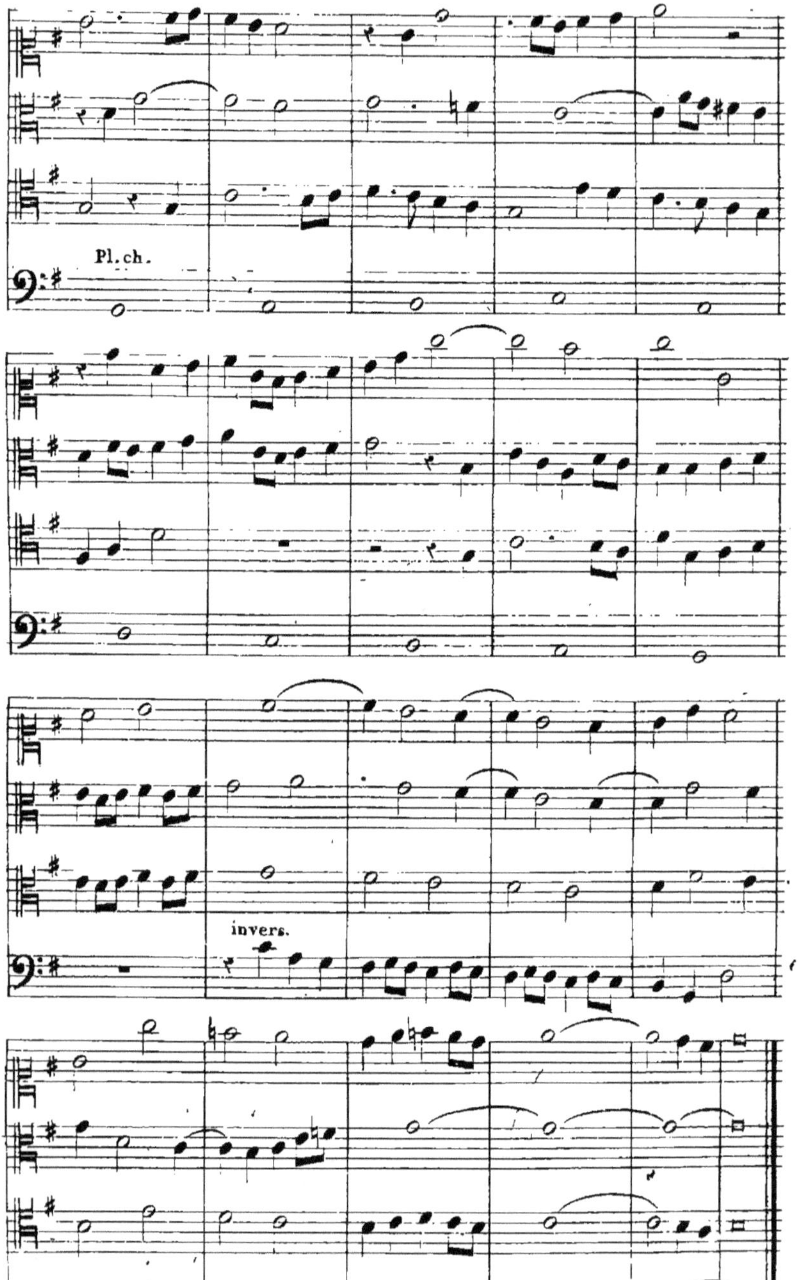
Pl.ch.
invers.

HYMNE.

256.

Canto.
Alto.
Tenore.
Basso.
Organo.
A - ve ma - ris stel - la
A - ve ma - ris stel - la ma - ris stel - la stel - la
A - ve ma - ris stel - la a - ve ma - ris stel - la
A - ve ma - ris stel - la ma - ris stel - la De - i
De - i ma - ter al -
De - i ma - ter al - ma De - i ma - ter al -
De - i ma - ter al - ma De - i ma - ter al -
ma - ter De - i ma - ter al -

_ ma at _ _ que sem _ per Vir _ _ go
_ ma at _ _ que sem _ _
_ ma at _ que sem _ per Vir _ _ _ go at _
_ ma at _ _ que sem _ per at _ _ que sem _ _ _
_ per at _ que sem _ per Vir _ go fe _ _ lix
_ que sem _ per Vir _ _ _ go fe _ _ lix
_ per at _ que sem _ per Vir _ go fe _
fe _ _
_ lix cœ _ _ _ li por _ _ ta.
cœ _ _ li por _ _ _ _ _ ta.
coe _ _ _ li por _ _ _ _ _ _ _ ta.
_ _ lix coe _ _ li por _ _ _ ta.

257.
Violino 1º.
F
Violino 2º.
Canto.
Sal - ve Re - gi - na sal - - ve Re - - gi - - na sal - - - ve Ma -
Alto.
S.
Sal - - - - - - ve Re - - - gi - - - na
Tenore.
Sal - ve Re - gi - na sal - - ve Re - - gi - - na Ma - ter mi -
Basso.
Sal - ve Re - gi - na sal - - ve Re - - gi - - na Re - - gi - na Ma -
Organo.

_ter mi _ se _ ri _ cor _ di _ae mi _ se _ ri _

Ma _ ter mi _ se _ ri _

_se _ ri _ cor _ di _ae Ma _ ter mi _ se _ ri _

_ter mi _ se _ ri _ cor _ di _ae, mi _ se _ ri _

5   6

_cor _ _ _ _ di _ ae Vi _ _

_cor _ _ _ di _ _ae Vi _ _

_cor _ di _ _ ae sal _ _ ve Vi _

_cor _ di _ _ ae Ma _ _ ter Vi _

4

ta dul - - ce - do dul - ce - do sal - -
- - - - ta dul - - -
- ta dul - - ce - do dul - ce - do et
- ta dul - - ce - do vi - ta dul - ce - do
ve dul - - ce - do et spes
- ce - - do et spes
spes - no stra spes no - stra
vi - ta dul - ce - do vi - ta dul - ce - do et spes

no - stra   sal - - ve   et spes   no stra

no - stra   sal - - - -

sal - ve ——— spes ——— no - stra sal -

no - stra   et spes - no - - stra

4 3   4 6   9 8   4 #   6

sal - ve   Ad te cla

- - ve   Ad - -

- - ve

sal - - ve   Ad

5

ma - - - mus ad te cla - ma - -
te cla - - ma - - mus
Ad te cla - - ma - mus cla - - ma
te cla - - ma - mus cla - - ma - - mus cla -
- - mus e - - xu - les fi - - li - i E - vae
e - - xu - - les fi -
- mus cla - - ma - mus cla - - ma - mus
ma - mus e - - xu - les cla - - ma - - mus

fi_li_i E - - - - - -
- li - i E - - - - - -
e xules fi - li - i E
e xules fi li i E væ E
5 6
vae Ad
vae Ad - - - - te
vae Ad
vac

te su - - spi - - ra - mus ge -
su - - spi - ra - - mus ge -
te su - - spi - ra - mus ge - men -
te su - spi - - ra - mus ge - - men -
men - tes et flen - tes in hac
men - - tes et flen -
tes et flen - - - tes in hac
tes et flen - - tes in hac

la - cry - - ma - rum val - - le la -
tes in hac la -
la - cry - ma - rum la - cry - ma - rum val
la - cry - - ma - - rum val - - le
6 6 5 4 6 5
- cry - ma - rum val - - le val -
cry - - ma - - rum val -
le la - - cry - ma - - - - - - rum
la - cry - ma - - rum val - - le
6 9 8 6

le · E - ja
le E -
val - - le E - ja
val - - le E - ja

er - go Ad - vo - ca - - ta
- ja er - go Ad - - vo -
er - go Ad - vo - ca - ta Ad -
er - go Ad - vo - ca - ta

Ad vo - - ca - - - - - ta
ca - - - - - - ta
vo - ca - ta Ad - vo - ca - - - ta
no - - - - - stra n
no - - stra il - los tu - os mi -
no - stra il - - los tu
no - - stra il - los tu os mi -
stra il - - los tu

se – ri – cor – des mi –
os mi – se – ri – cor –
se – ri – cor – des mi – se – ri – cor –
os mi – se – ri – cor –
9 8 6 4 3 6 5 6
se – ri – cor – des o – cu – los ad nos con –
des o – cu – los ad
des o – cu – los ad nos con – ver –
des mi – se – ri – cor – des o cu –
6 6

ver te ad nos con ver

— — — nos con ver

te o cu los ad nos con ver

los ad nos con ver te con ver

6 6

nnis

— — — te Et Je —

— — — te Et Je —

— — — te Et Je —

— te Et Je —

6 6 5 6
4

- sum be - ne - - di - ctum et Je - sum
- - - - sum be - ne - di -
- - sum be - ne - - di - - ctum fru - -
- - - - sum be - - ne - di - -
be - ne - - di - - ctum fru - - ctum ven - tris
- - - - - - ctum fru - - - -
- ctum ven - tris tu - - - i
- ctum fru - ctum ven - - tris tu - -

124

-bis post hoc e - xi - li - um e - xi - li -
- - - - - bis post hoc
no - bis post hoc e - xi - li - um e -
hoc e - xi - li - - um post hoc e -
6
7
- um post hoc e - xi - li - um o - sten - -
e - - xi - li - - um o - - - -
- sten - de o - sten - - de o - - sten - -
- xi - li - um o - - sten - - de o - - sten - -
6
5

126

a o dul cis Vir go Ma ri
cle
mens pi a Vir go Ma ri
a. o dul cis Vir go Ma ri
6 5
a o pi a o cle
mens o
a o pi a o dul
a o pi a o cle

mens o dul - cis Vir - go Ma - ri - -
pi - - - - - - - -
- - cis Vir - go Vir - go Ma - ri - -
- mens o dul - cis Vir - go Ma - - ri -
- a o dul - cis
- a o
- a o dul - cis Vir - go Ma -
- a o dul - cis Vir -

Vir - - go Ma - - ri - - - - a
dul - - - - - cis Vir - - go
- ri - a Ma - - ri - - - a
- go o dul - cis Vir - go Ma - ri - -
o dul - cis Virgo Ma - ri - - a
Ma - - - - ri - - - - a
Vir - go Ma - - ri - - - - a
- a Vir - go Ma - - ri - - a
F
F

130

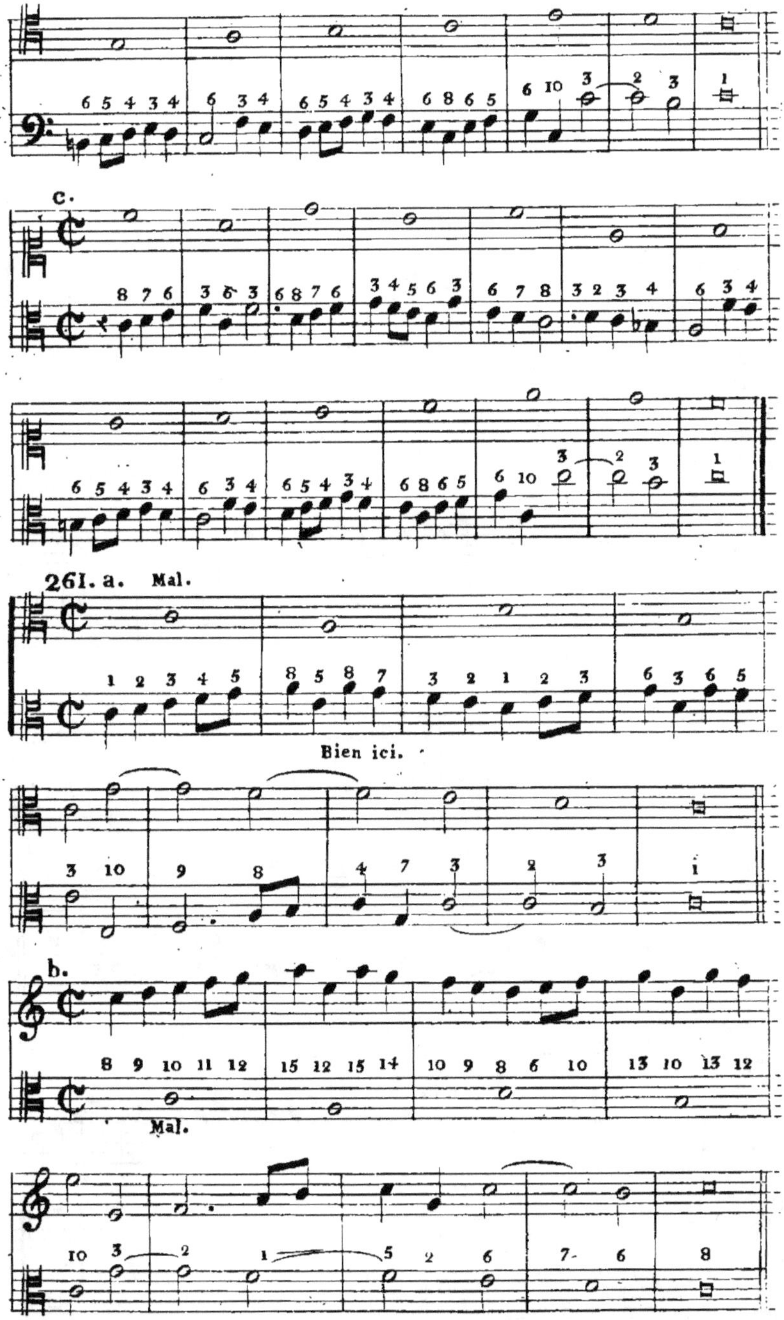
c.
261. a.
Mal.
Bien ici.
b.
Mal.

132

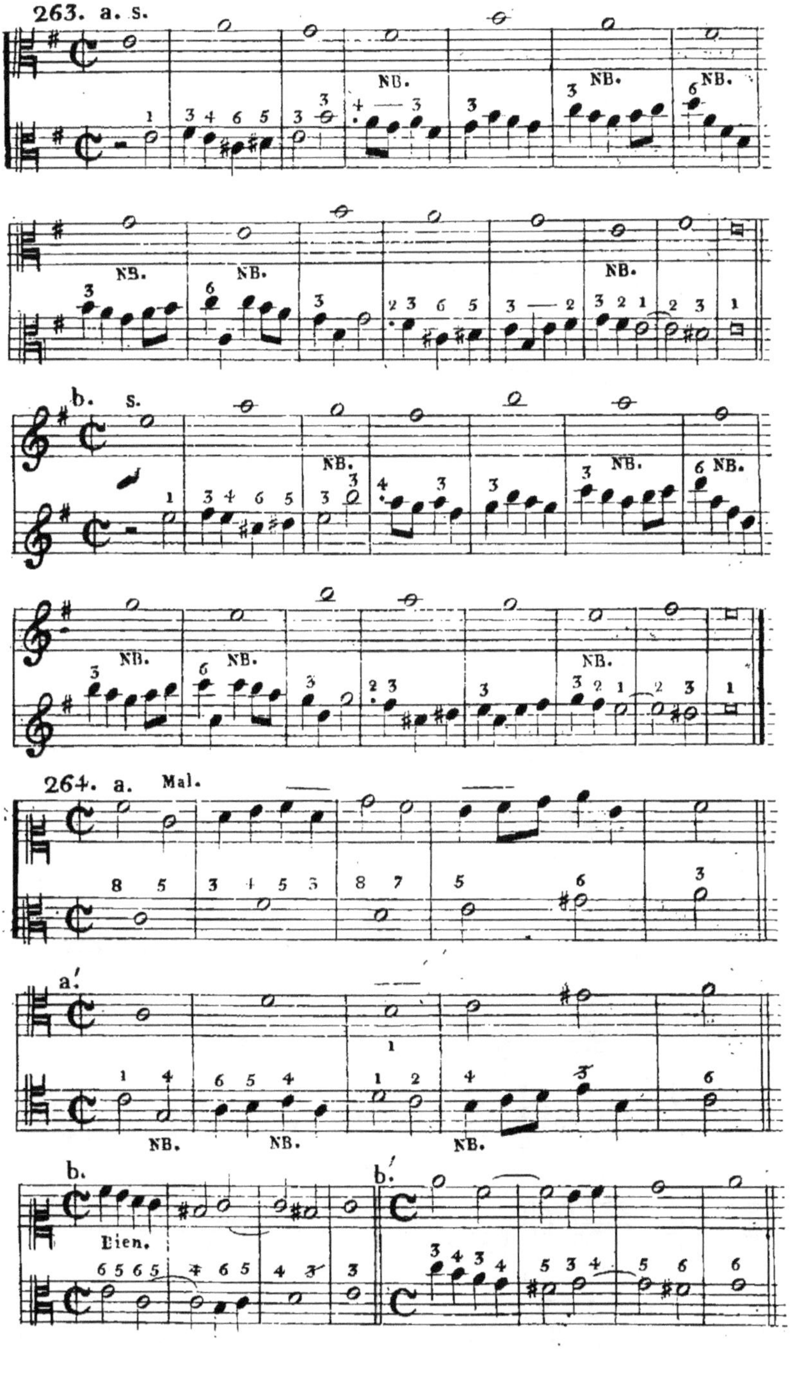
263. a. s.
NB.
b. s.
264. a. Mal.
a.'
b.
Bien.
b.'

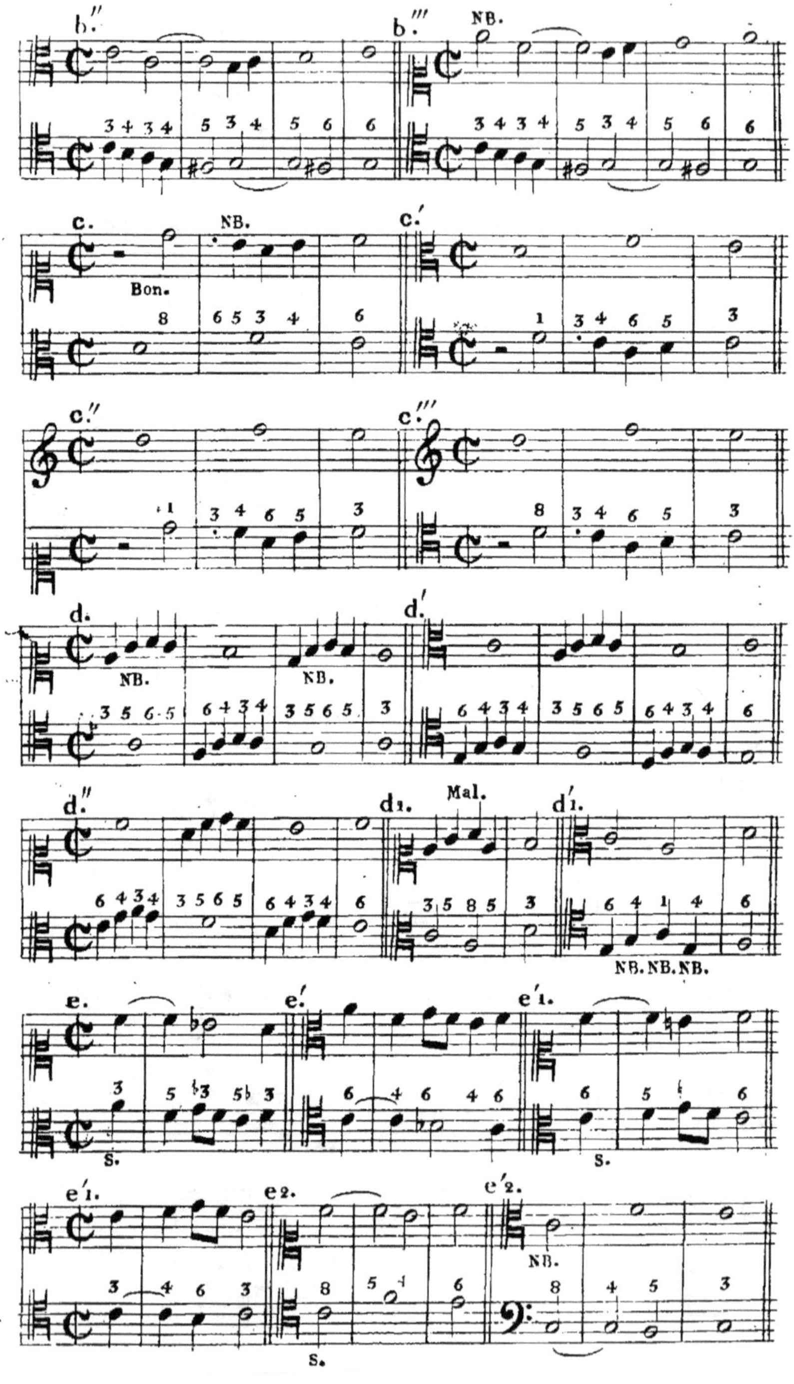
b.''
b.'''
NB.
c.
NB.
Bon.
c.'
c.''
c.'''
d.
NB.
NB.
d.'
d.''
d1.
Mal.
d'1.
NB. NB. NB.
e.
e.'
e'1.
S.
S.
e'1.
e2.
e'2.
NB.
S.

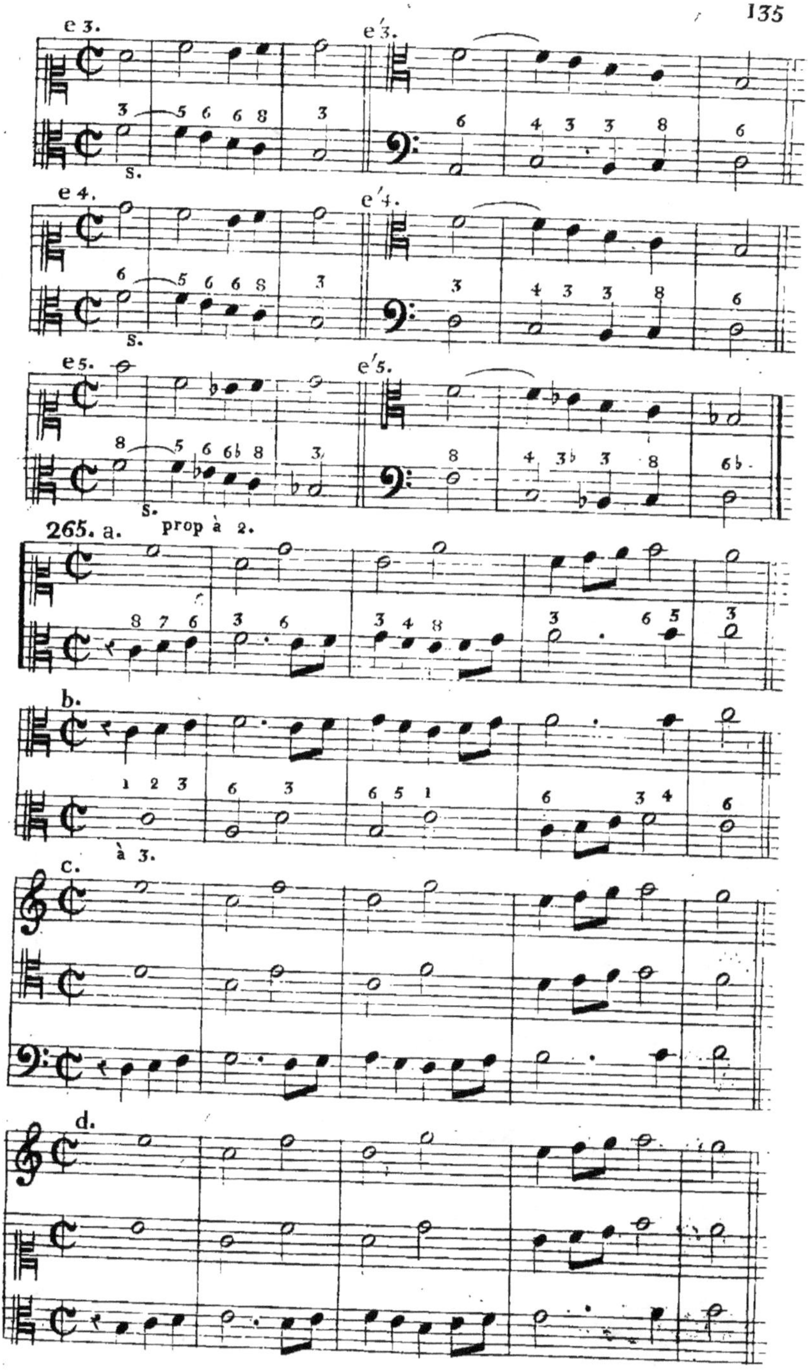
e 3.
e'3.
s.
e 4.
e'4.
e 5.
e'5.
265. a.
prop à 2.
b.
à 3.
c.
d.

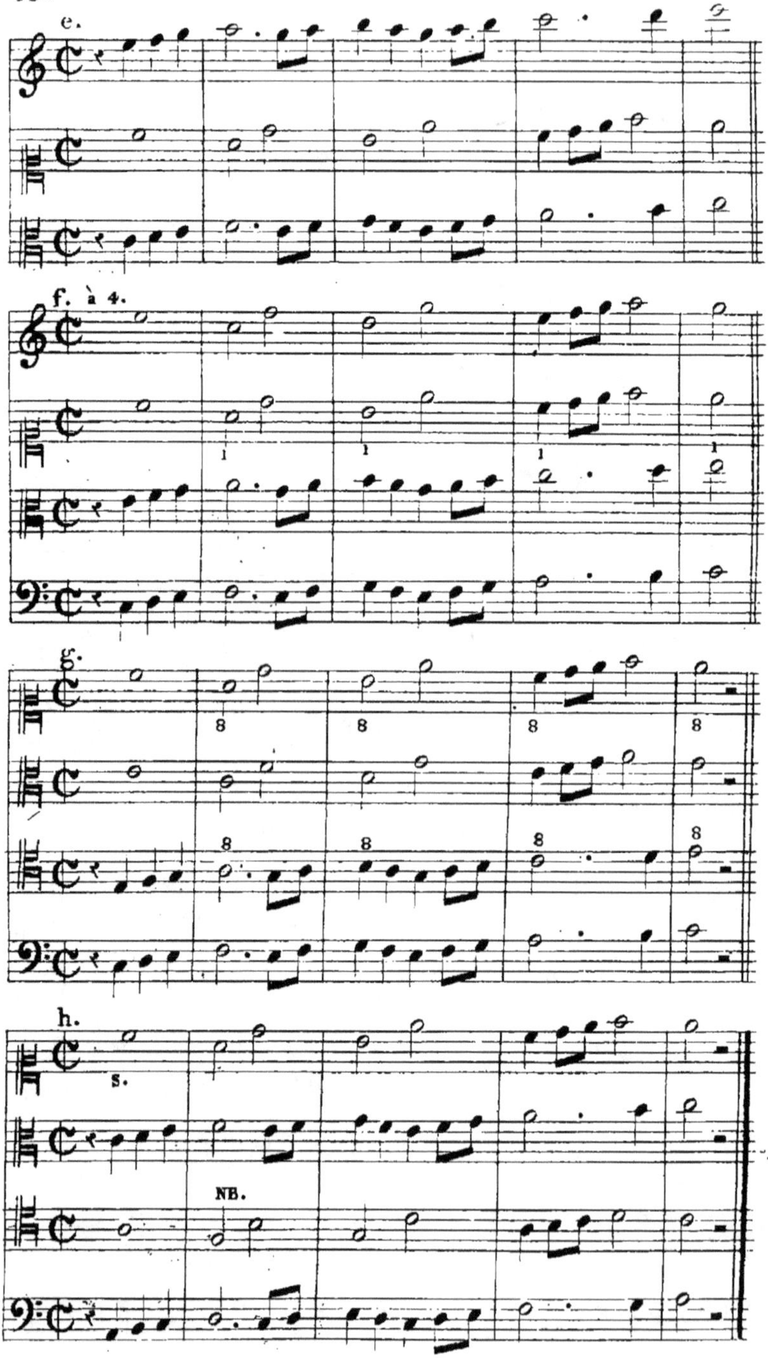
e.
f. à 4.
1
g.
8
h.
S.
NB.

266.

267

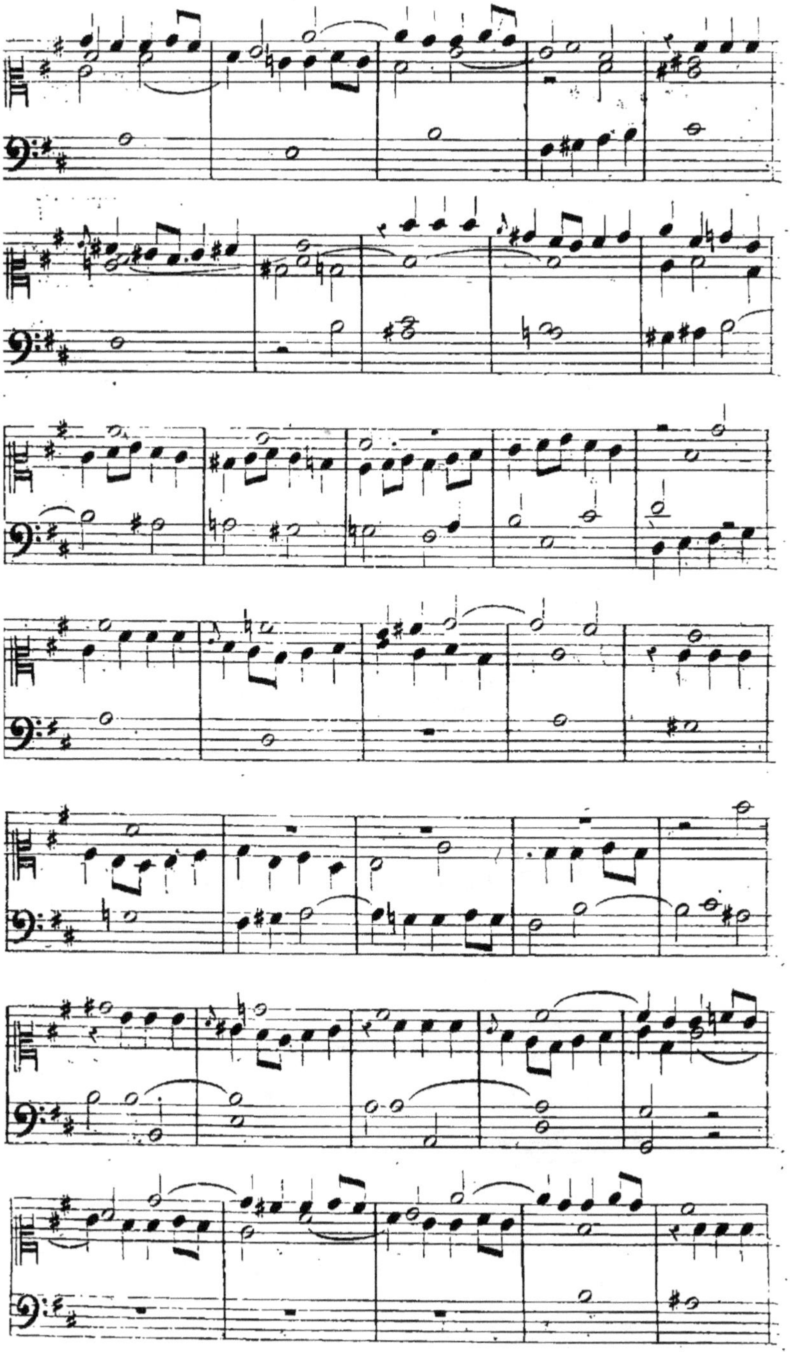

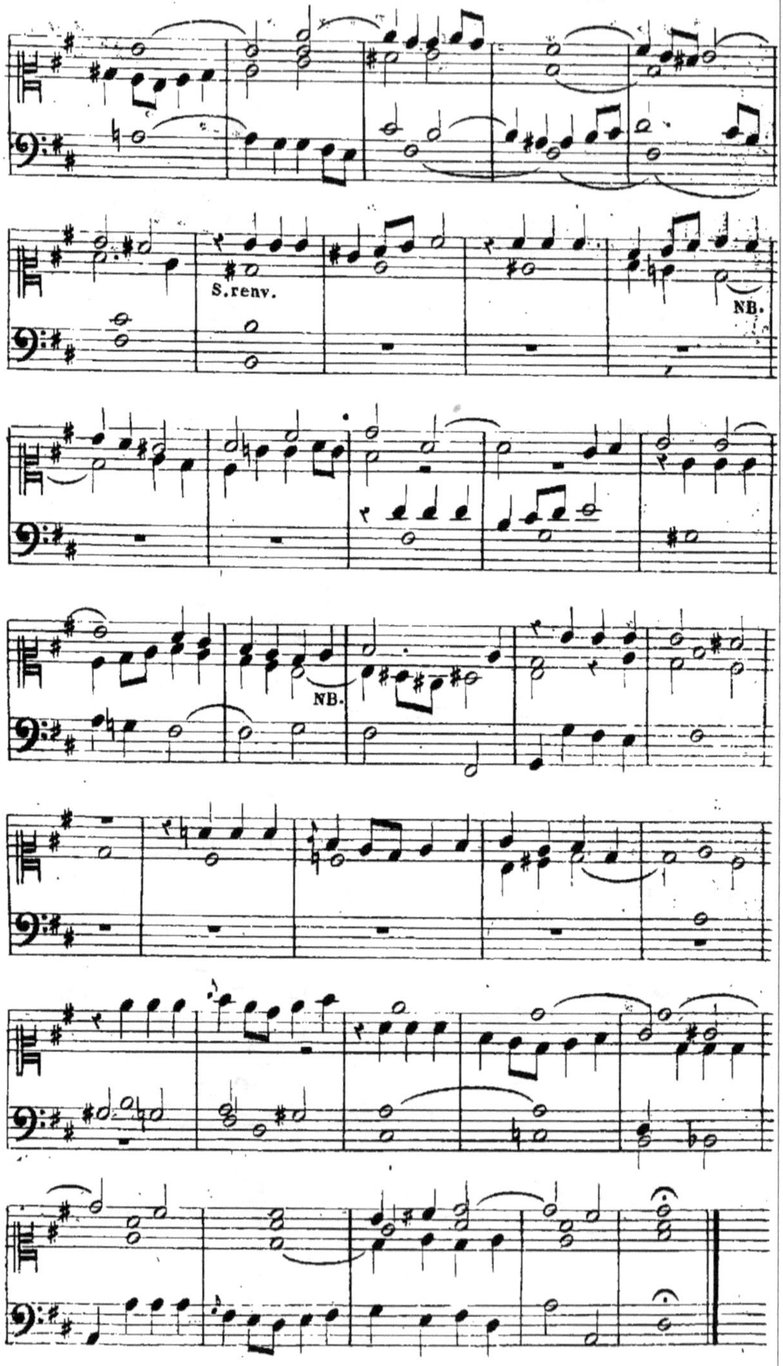
S.renv.
NB.
NB.

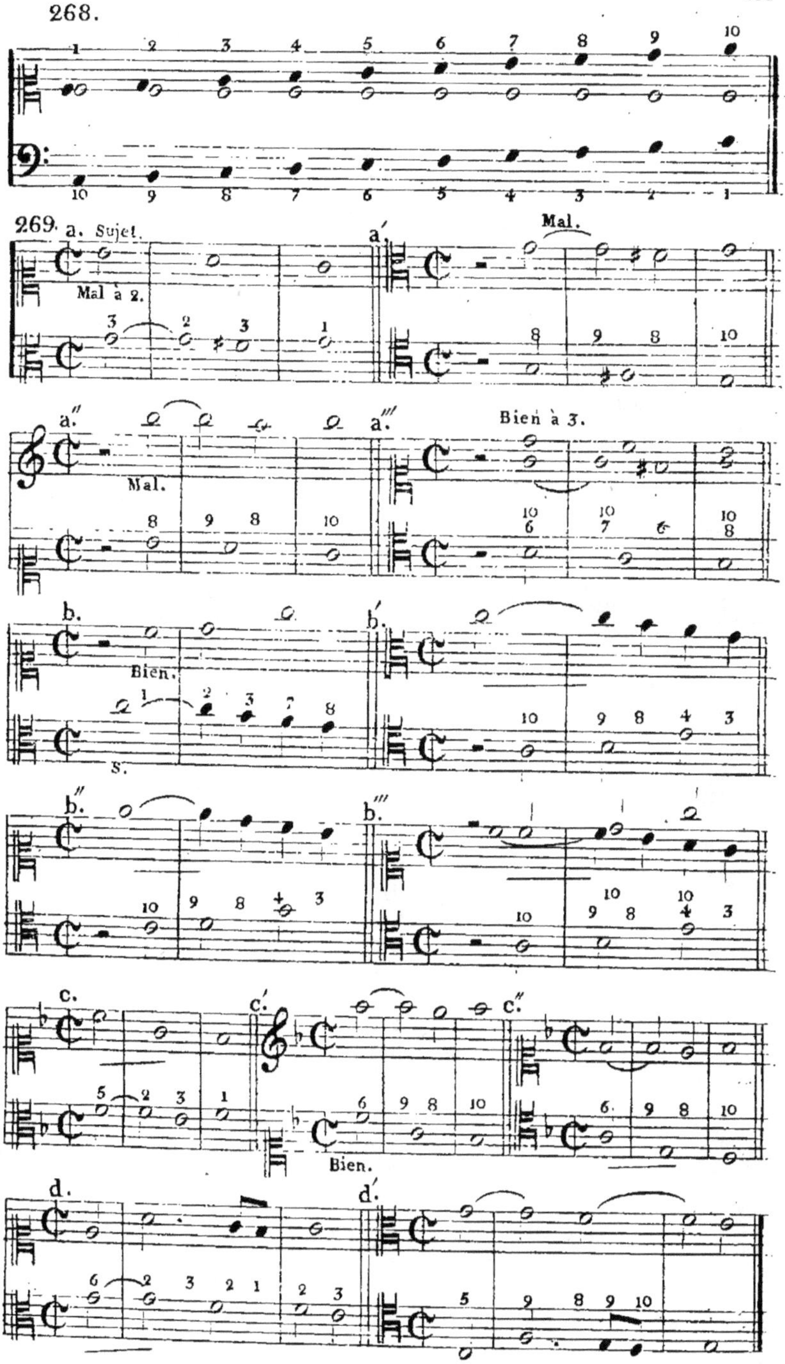
268.
269. a. Sujet.
Mal à 2.
a′.
Mal.
a″.
Mal.
a‴.
Bien à 3.
b.
Bien.
b′.
b″.
b‴.
c.
c′.
Bien.
c″.
d.
d′.

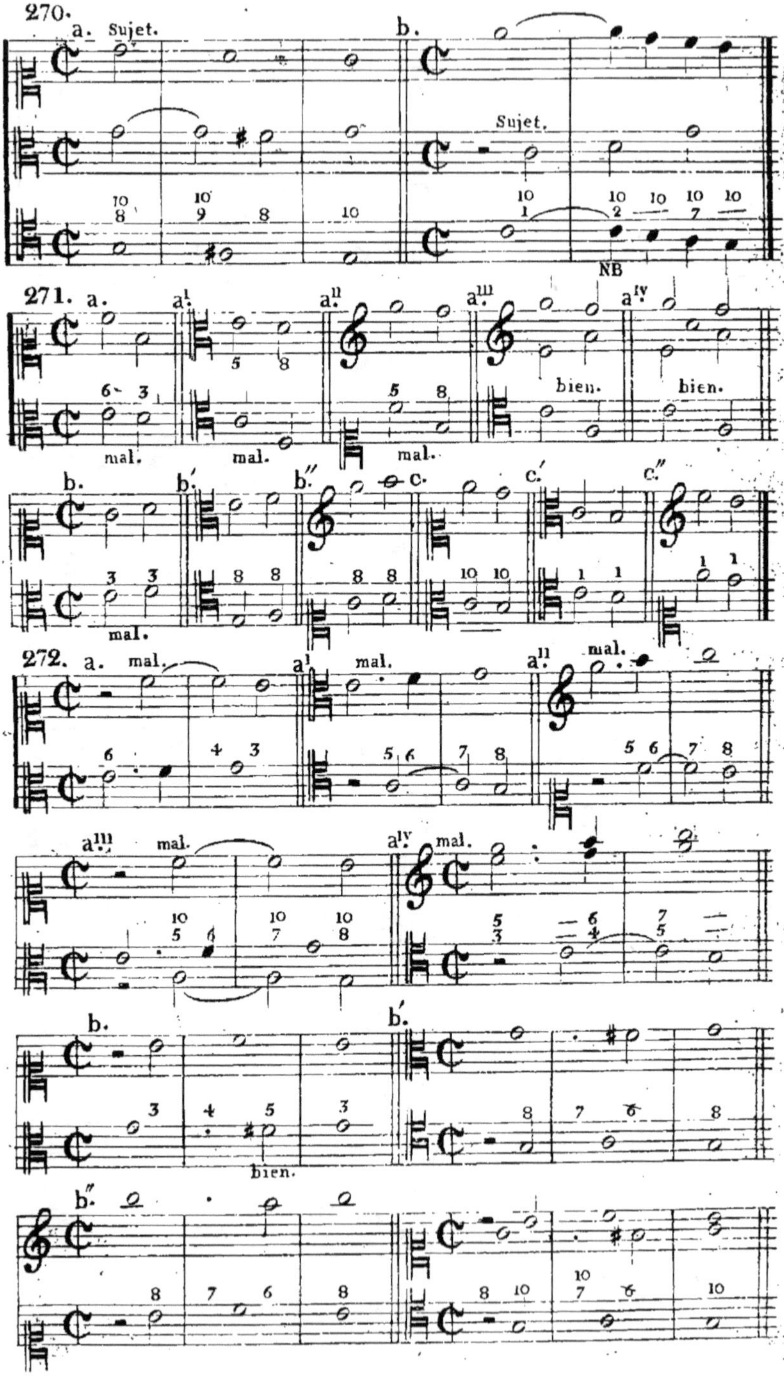
270.
a. Sujet.
b.
Sujet.
NB
271. a.
mal.
bien.
272. a.
mal.
b.
bien.

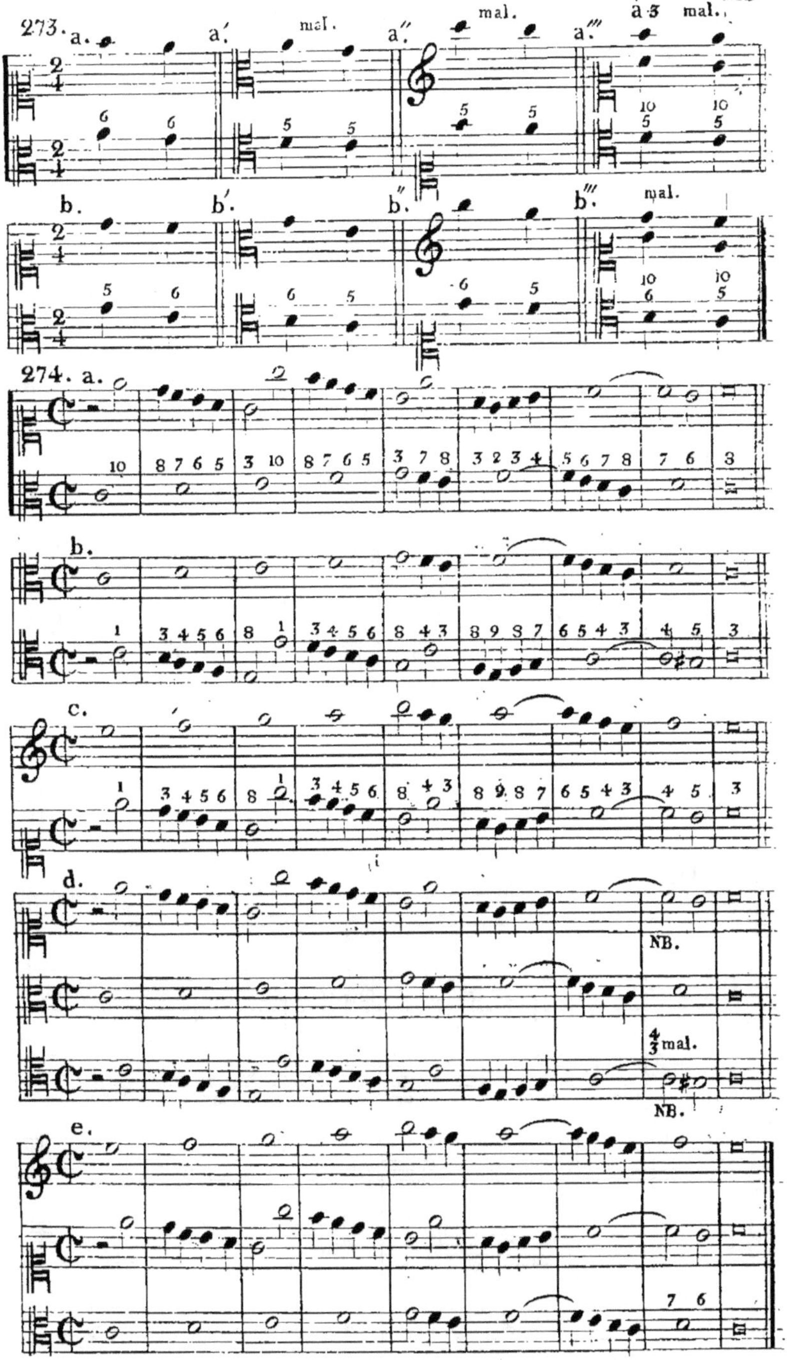
273. a.
a'.
mal.
a''.
mal.
a'''.
à 3 mal.
b.
b'.
b''.
b'''.
mal.
274. a.
b.
c.
d.
NB.
4
3 mal.
NB.
e.

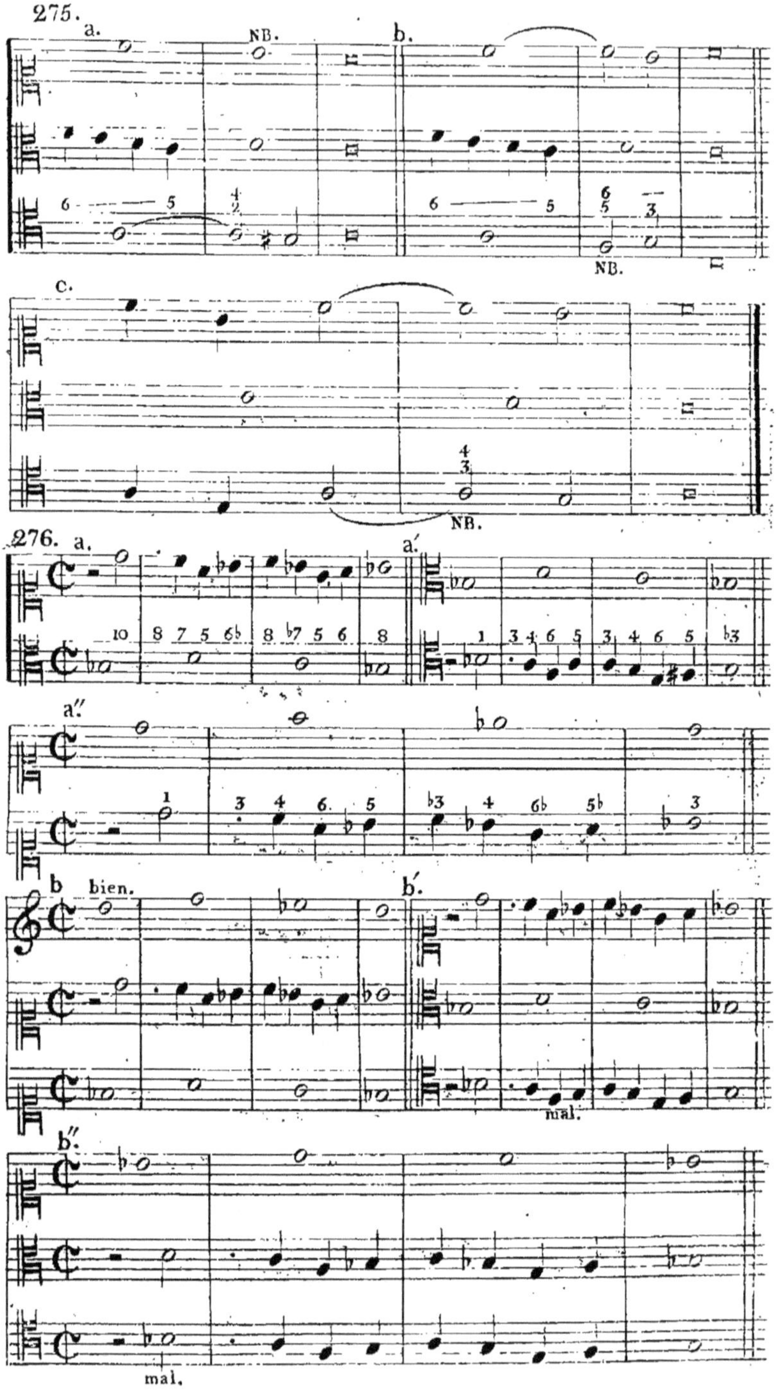
275.
a.
NB.
b.
NB.
c.
NB.
276. a.
a'.
a''.
b
bien.
b'.
mal.
b''.
mal.

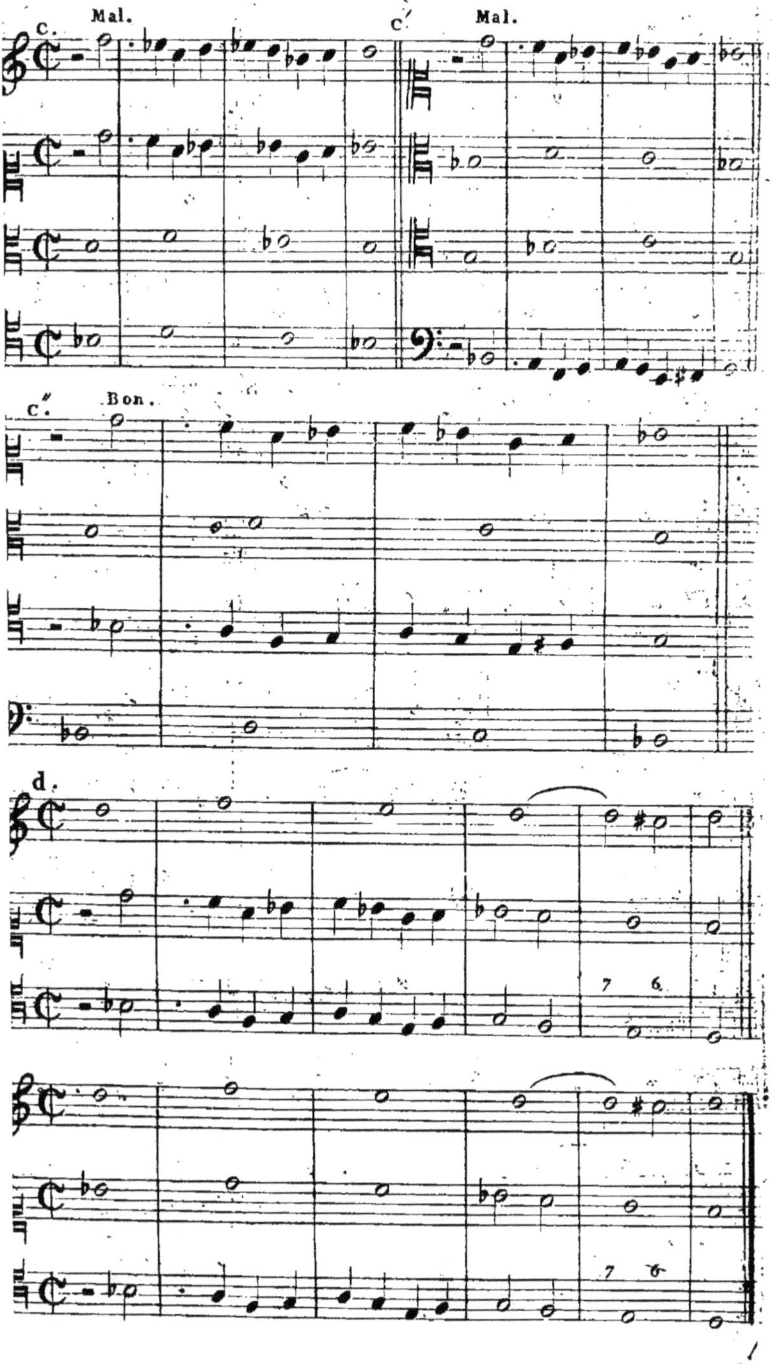
c.
Mal.
c'
Mal.
c"
Bon.
d.
7 6
7 6

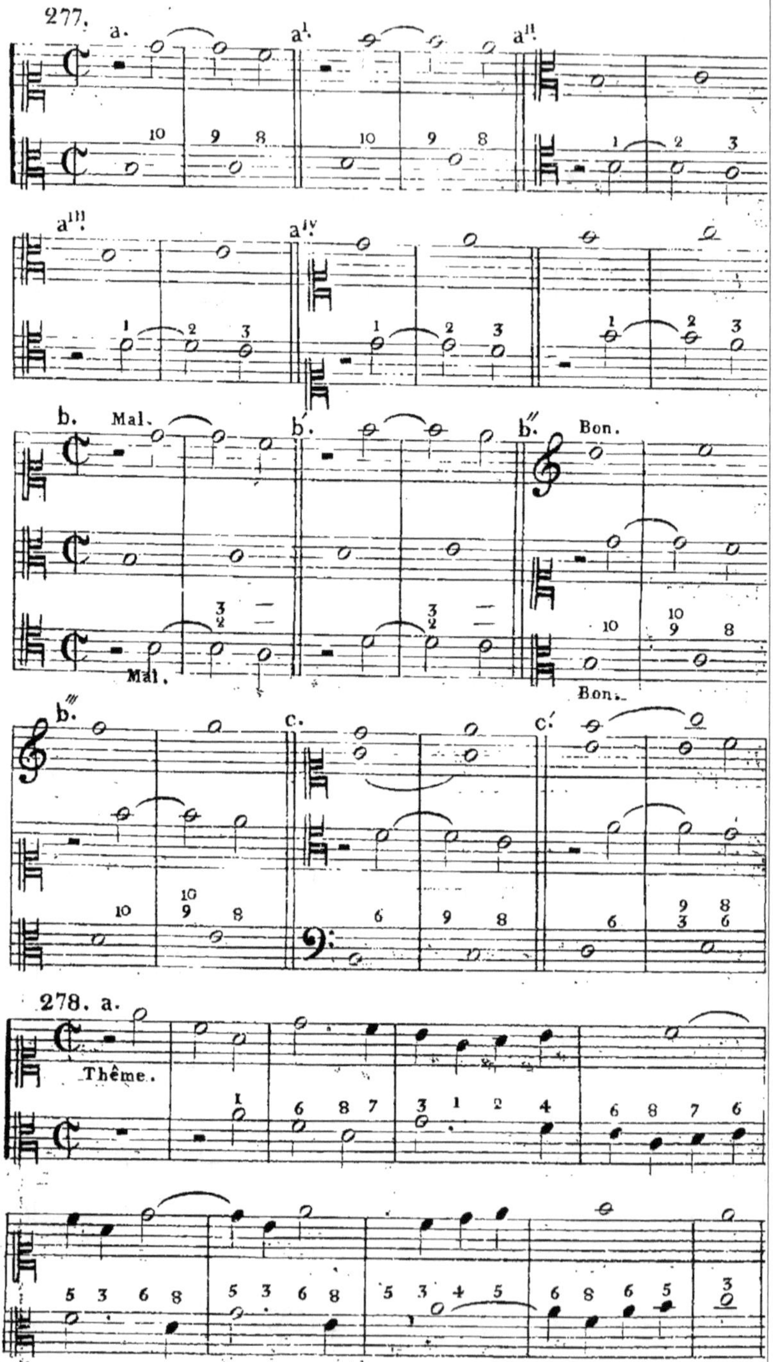
277.
a.
b.
Mal.
Mal.
Bon.
Bon.
c.
278. a.
Thême.

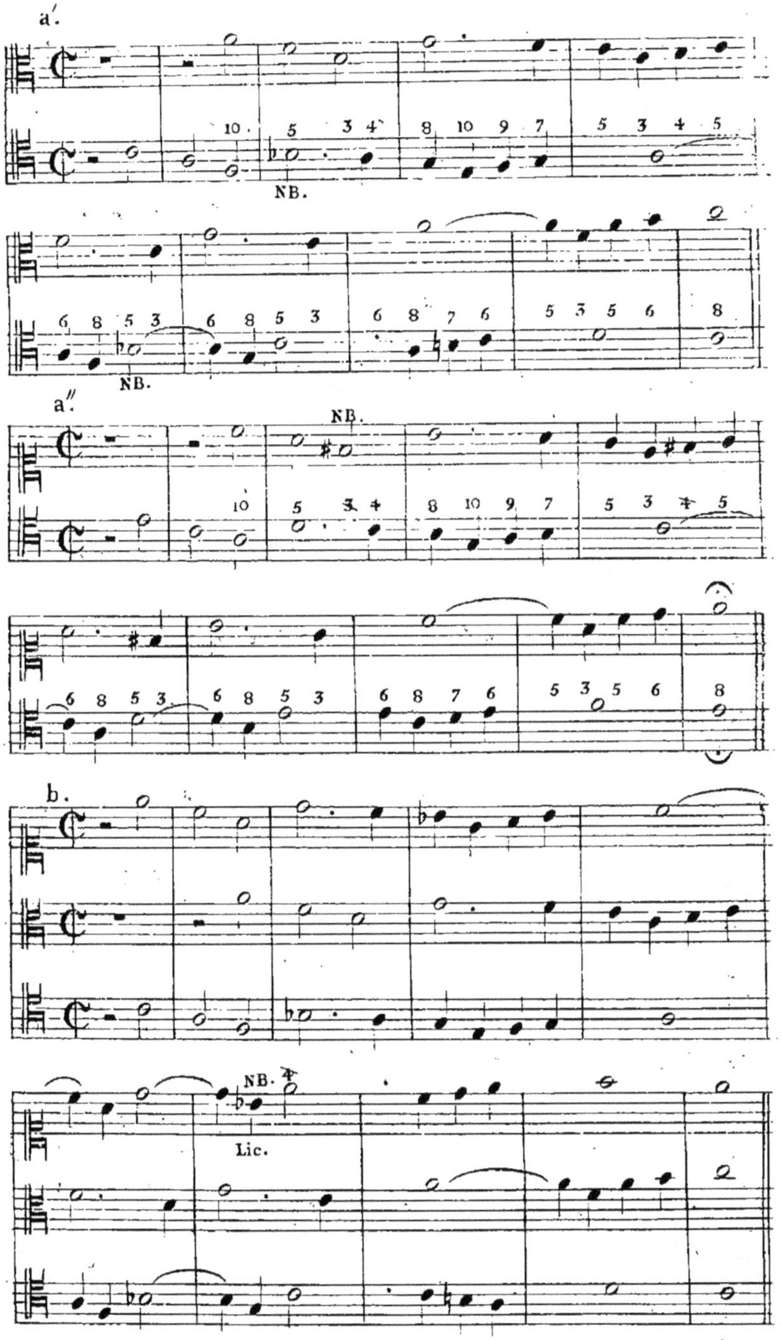
a'.
NB.
NB.
a''
NB.
b.
NB.
Lic.

148

b.

NB +

c.

Prop.

6 8 7
#

6

Lic.

5 6

5 6

6

3

279. a.

3 4 5 8 6 5 3 5 6 8 7 6 5 3 4 6 7 8 3 5 6 8

a'.
NB.
Lic.
Lic.
8 7 6 3 5 6 8 6 5 ♭3 4 5 6 8 7 6 ♭4 3 8 6♭ 5♭ 3
Lic.
NB.
a''.
8 7 6 3 5 6 8 6 5 3 4 5 6 8 7 5 4 3 8 6 5 3
b.
♮4
Lic.
b'.
c.
NB.
6
5
3
7
5♮
3
8
6

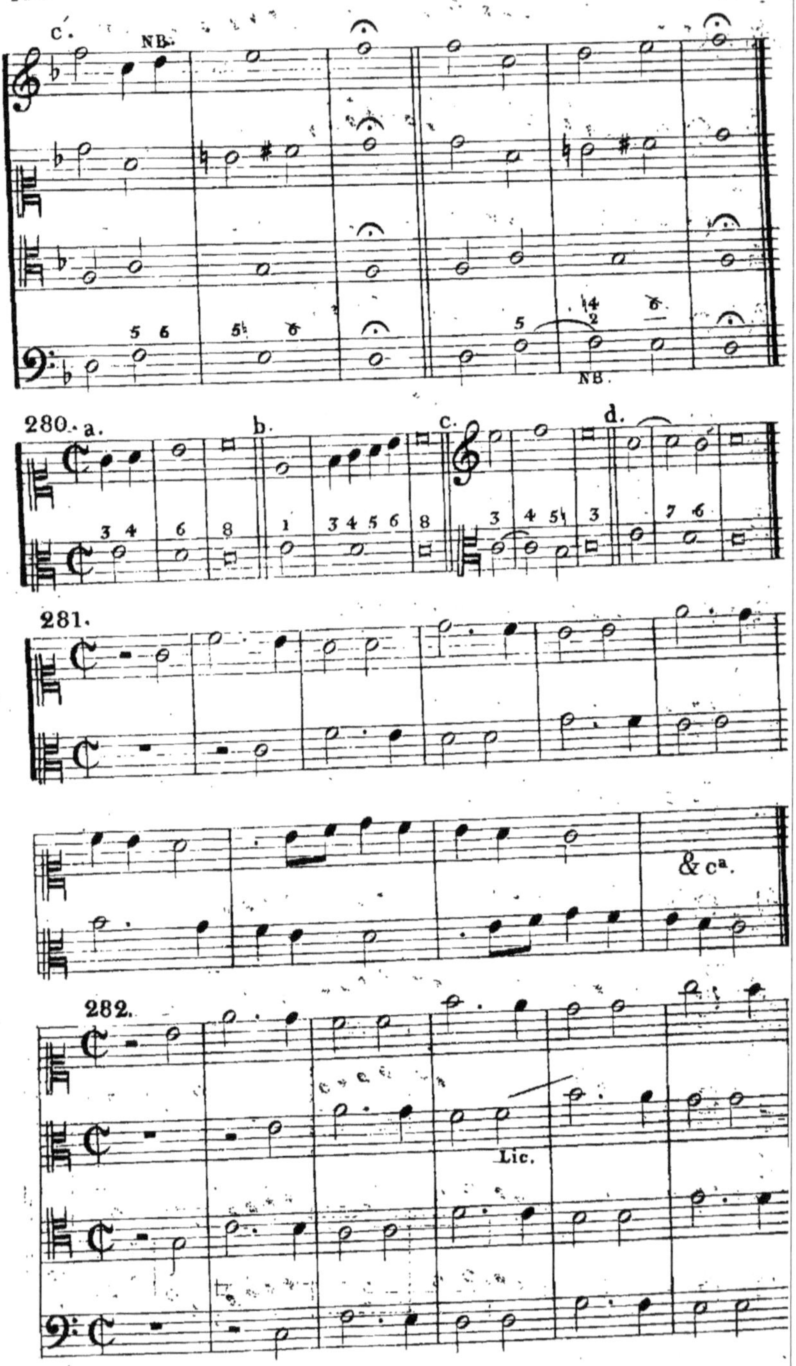
c.
NB.
5 6
5♮ 6
5
4 2
6
NB.
280. a.
b.
c.
d.
3 4 6 8
1 3 4 5 6 8
3 4 5♮ 3
7 6
281.
&cª.
282.
Lic.

283.

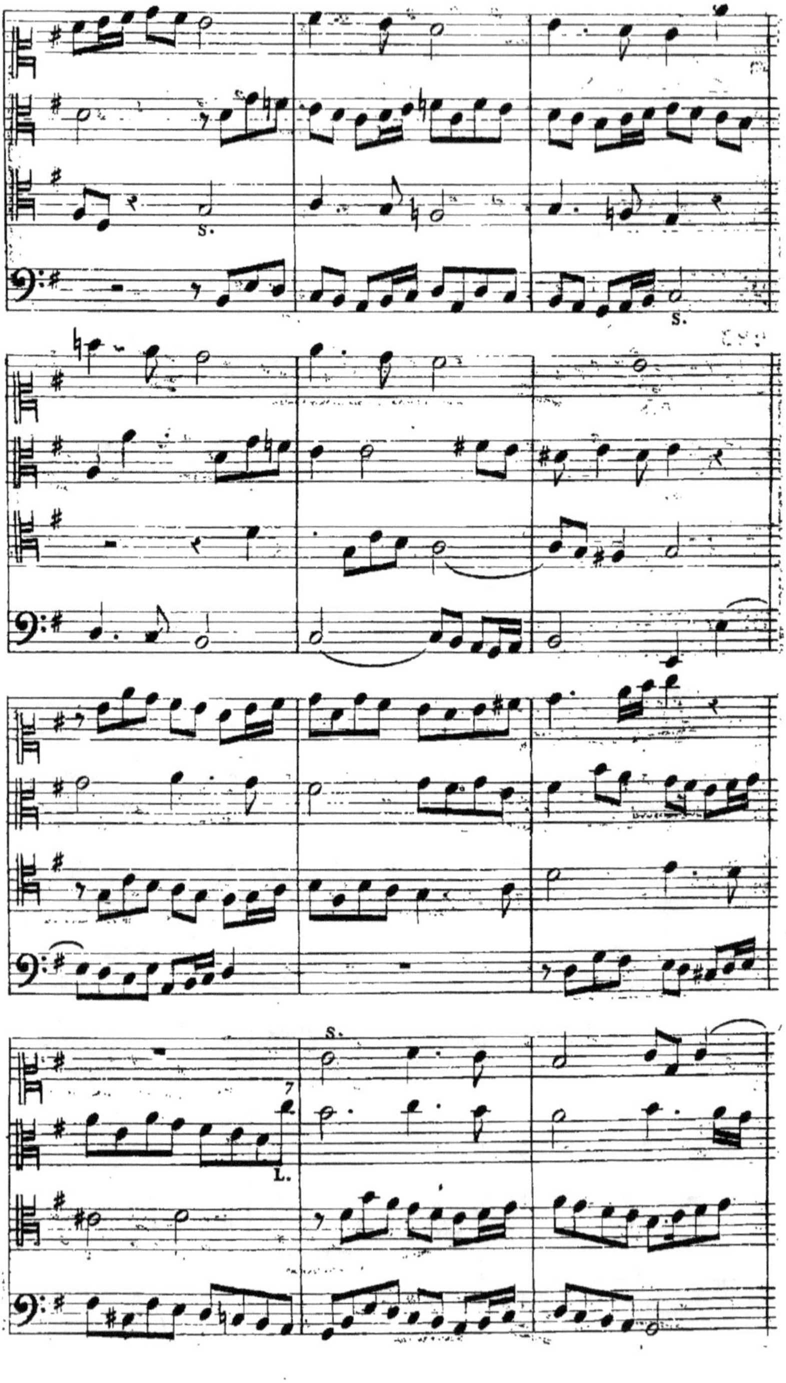
S.
S.
S.
7
L.

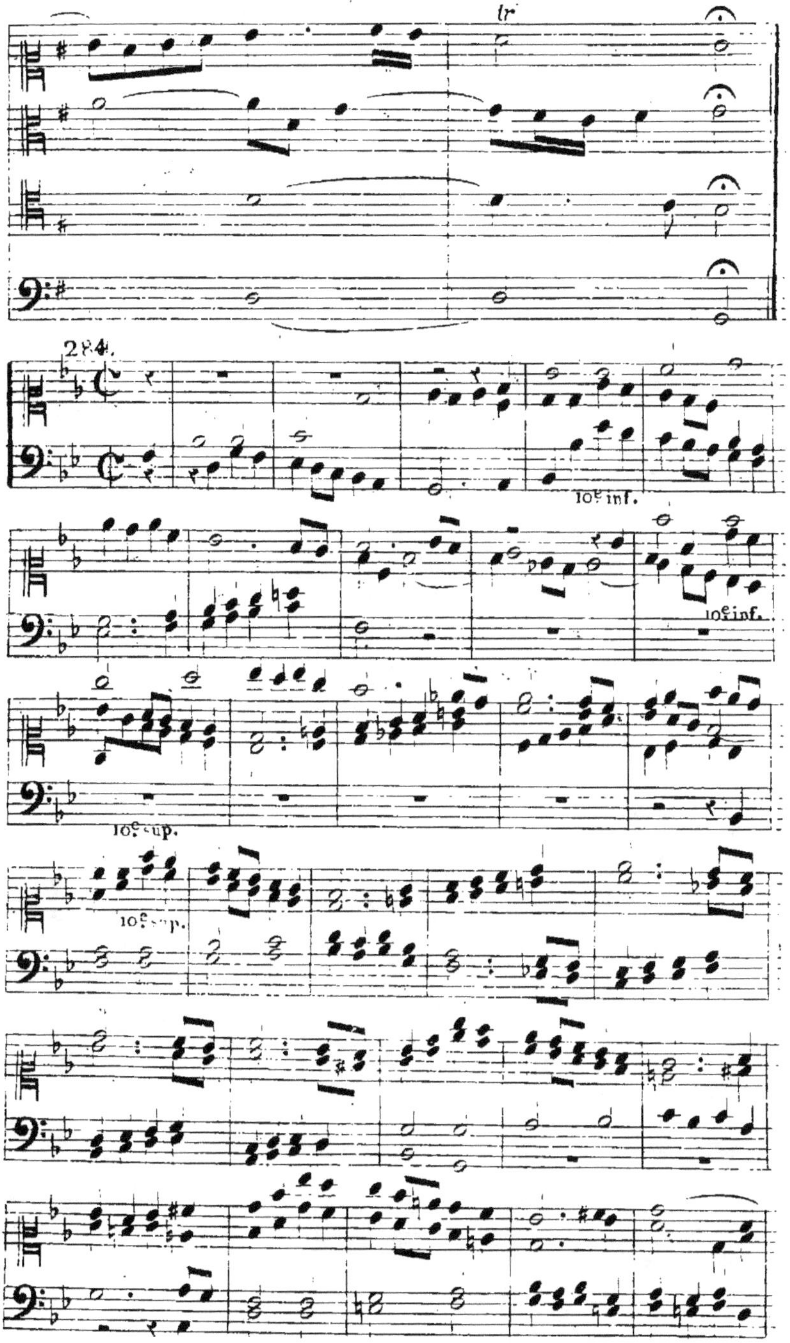
tr
284.
10e inf.
10e inf.
10e sup.
10e sup.

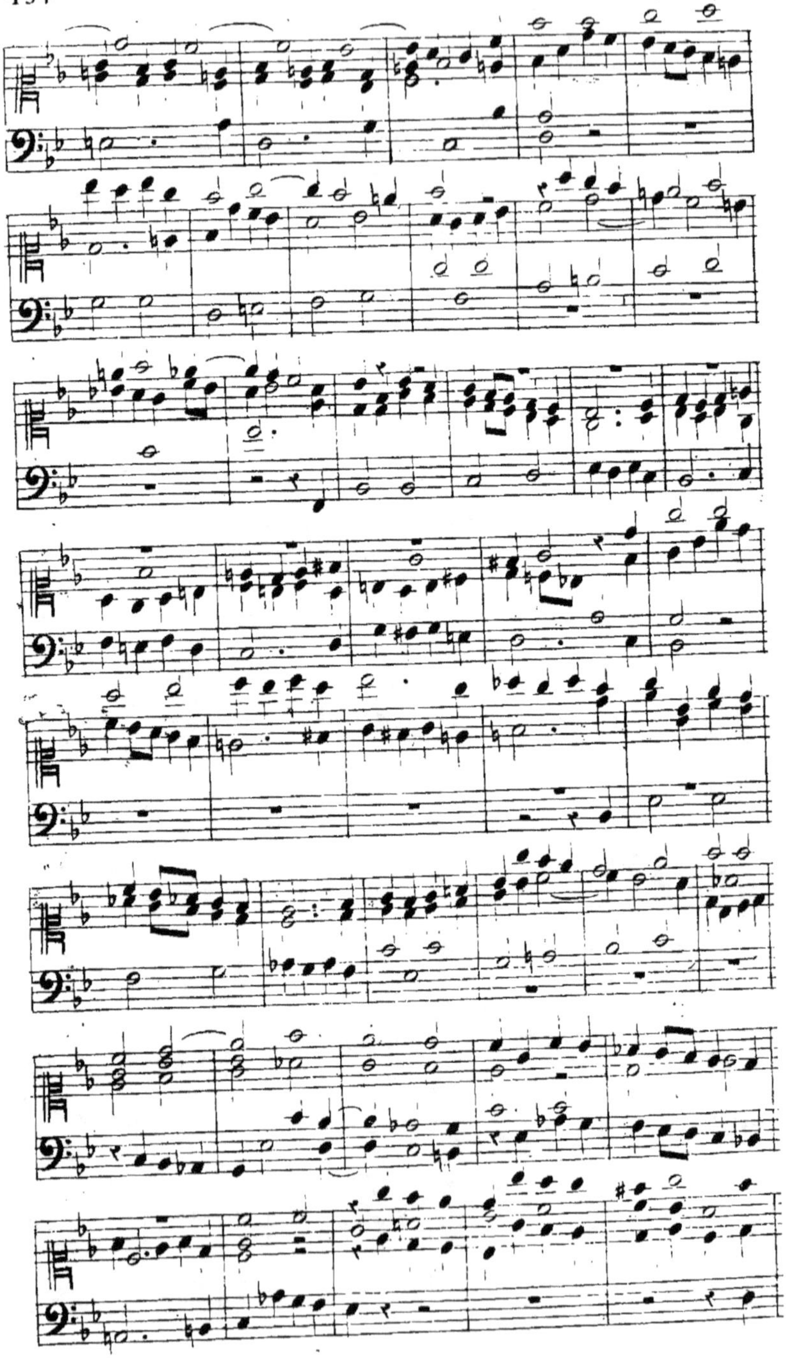

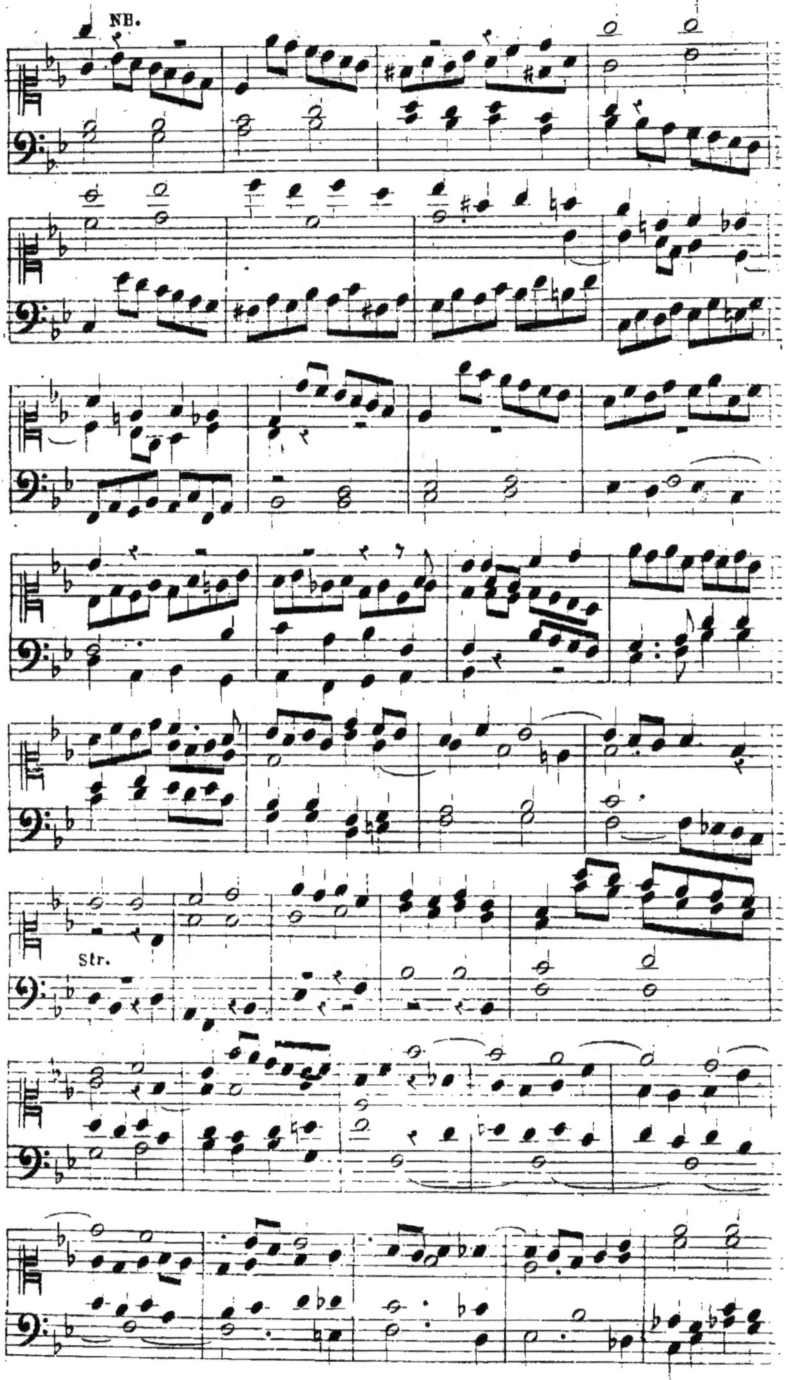
NB.
Str.

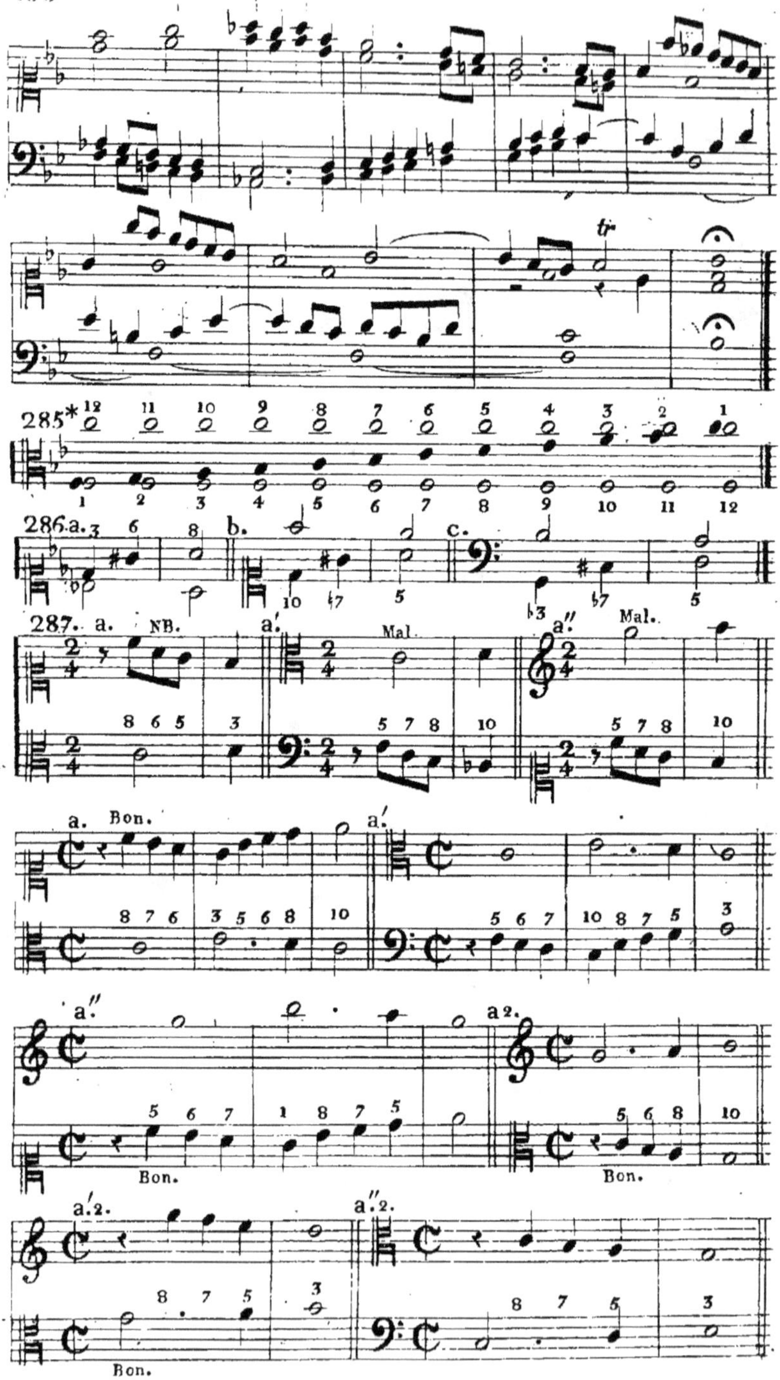
tr
285*
286 a.
b.
c.
287. a.
NB.
a'.
Mal.
a''.
Mal.
a.
Bon.
a'.
a''.
a 2.
Bon.
Bon.
a'2.
a''2.
Bon.

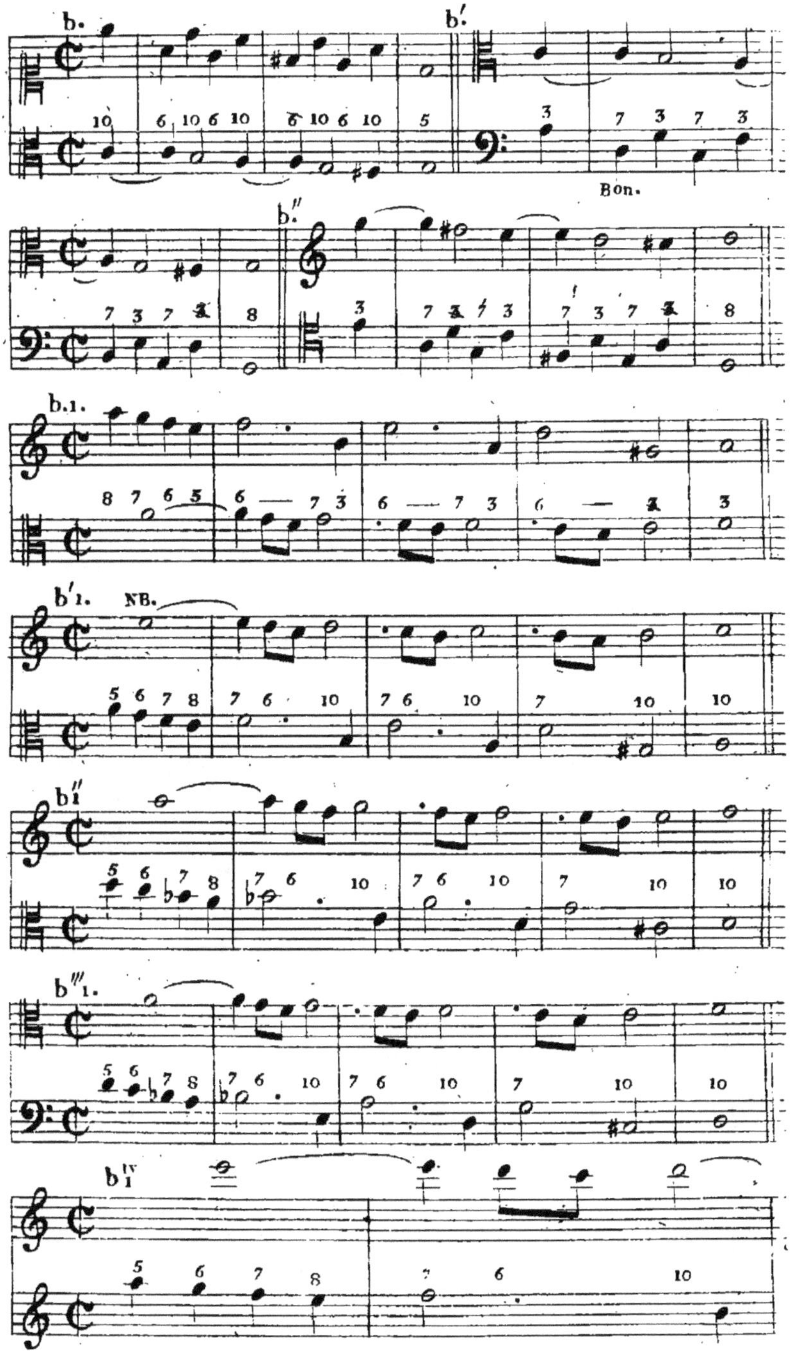
b.
b'
Bon.
b''
b.1.
b'1.
NB.
b''1
b'''1.
b$^{IV}_{1}$

158

289.a.

b.

c.

d.

290.a.

d.

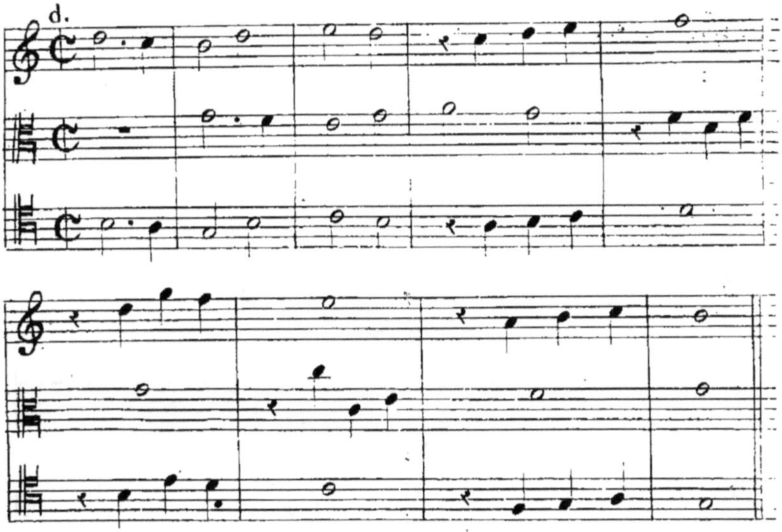

e.

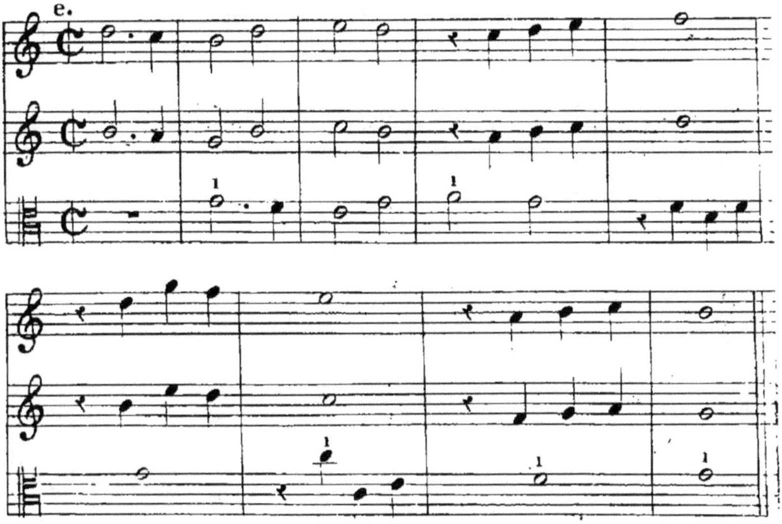

f.

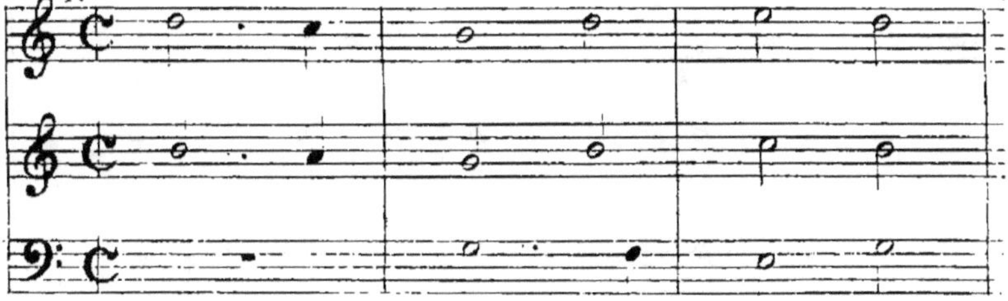

162

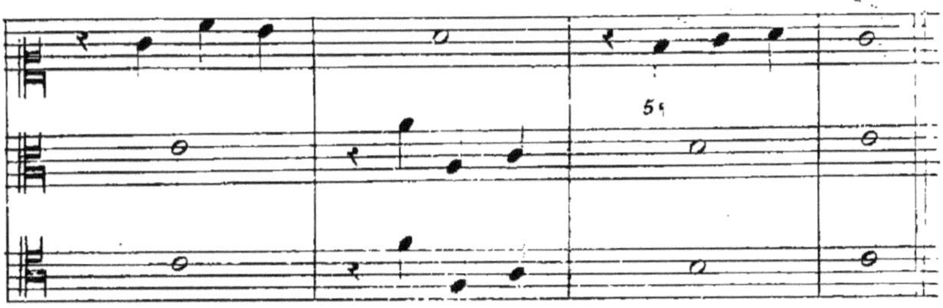

j.

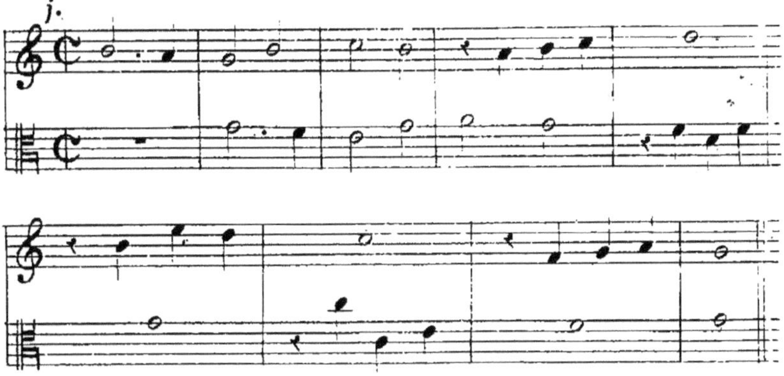

k.

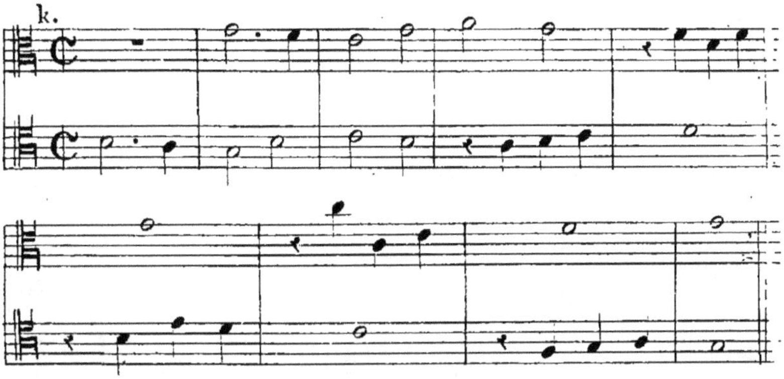

l.

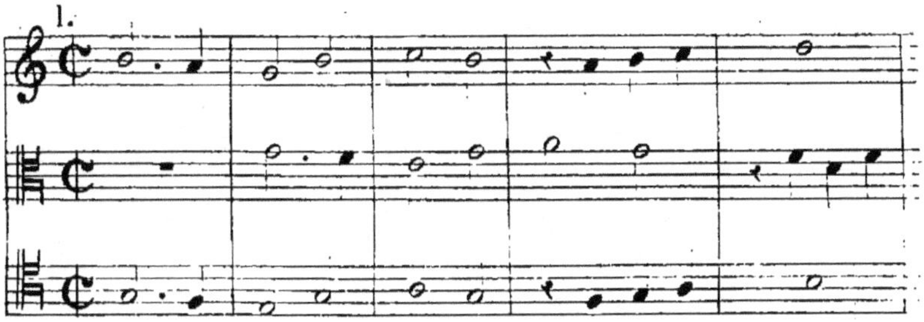

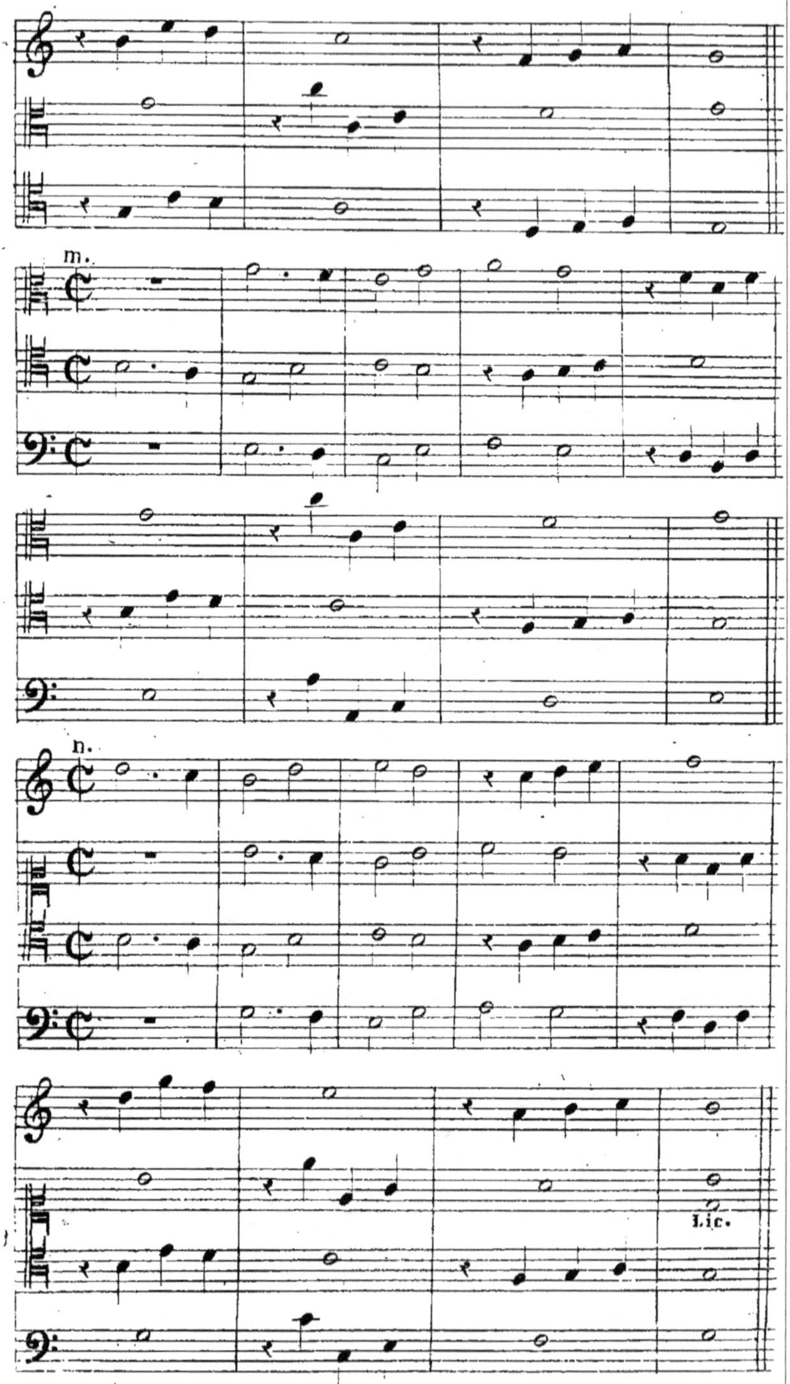
m.
n.
Lic.

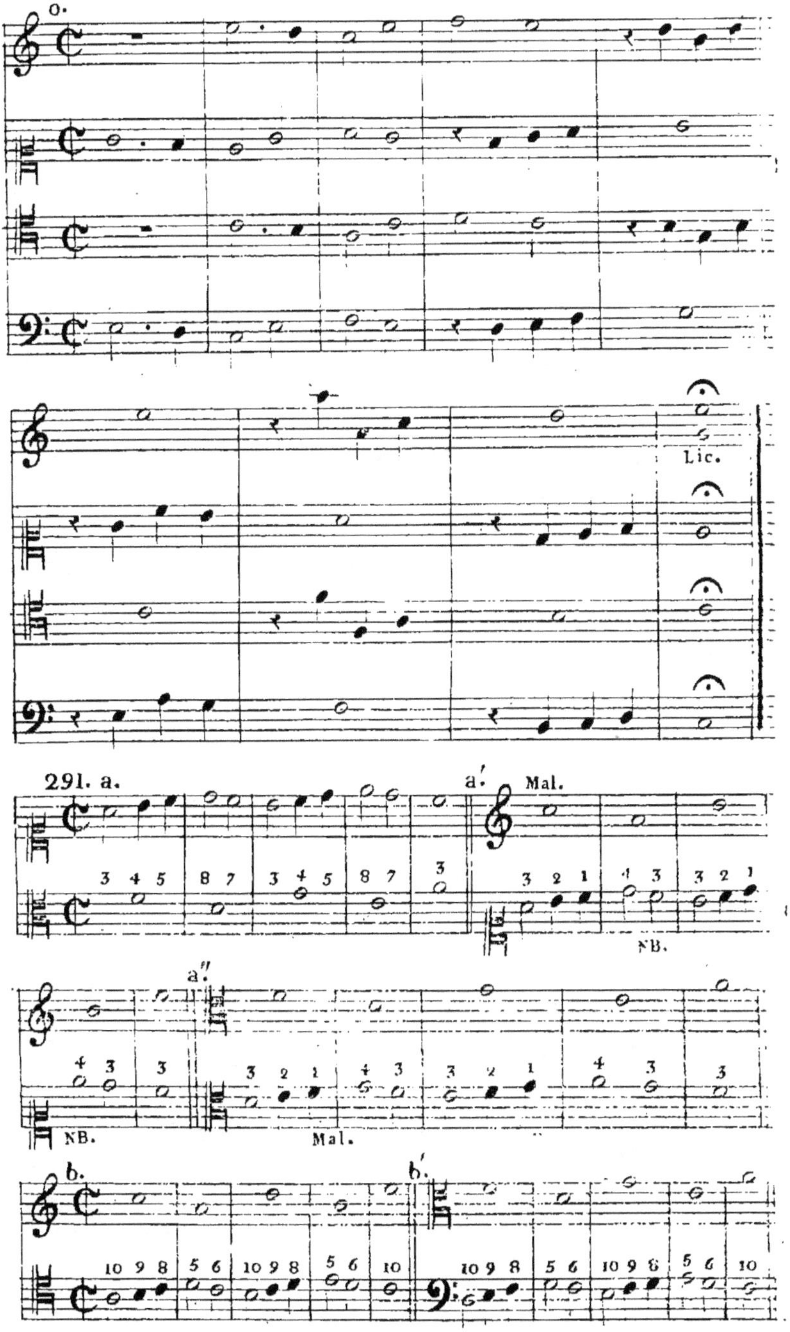
o.
Lic.
291. a.
a'.
Mal.
NB.
a''.
NB.
Mal.
b.
b'.

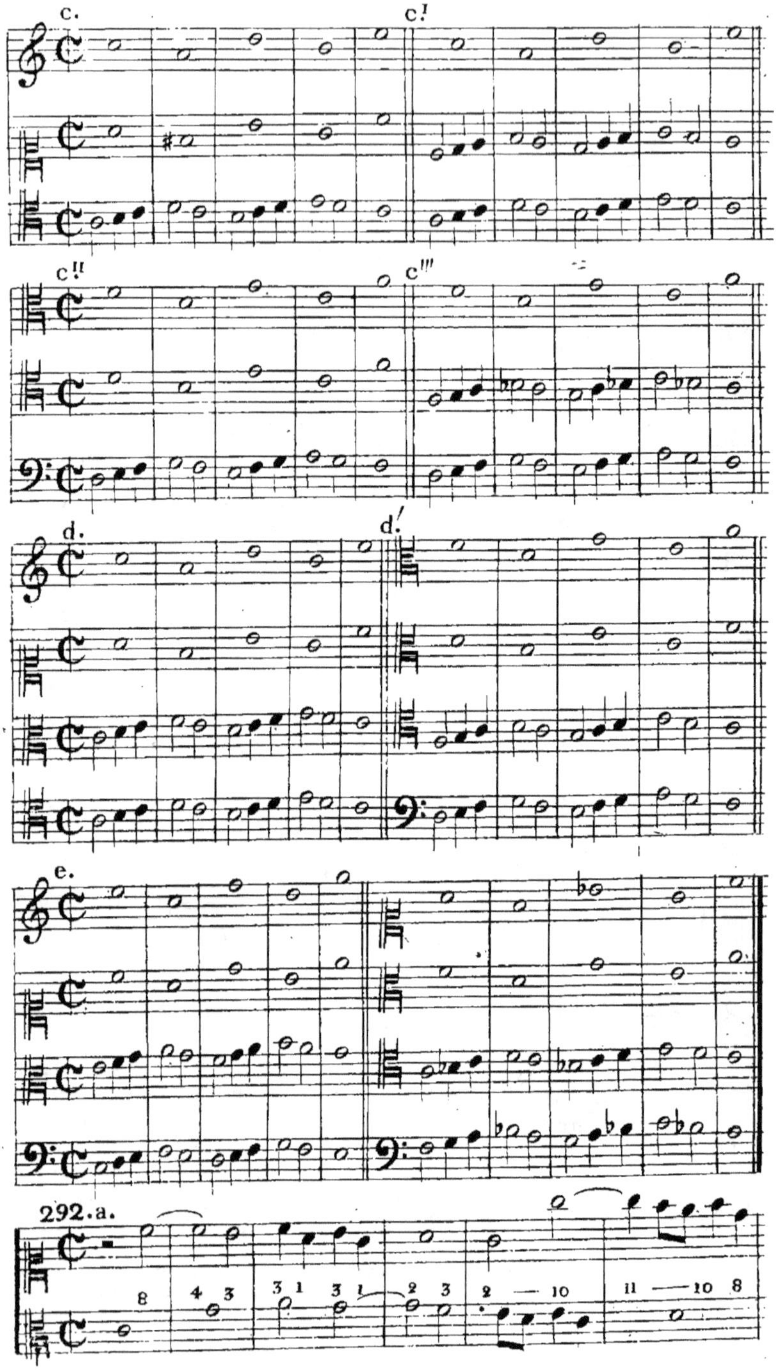
c.
c!
c!!
c!!!
d.
d!
e.
292.a.
8
4 3
3 1 3 1
2 3
2 — 10
11 — 10 8

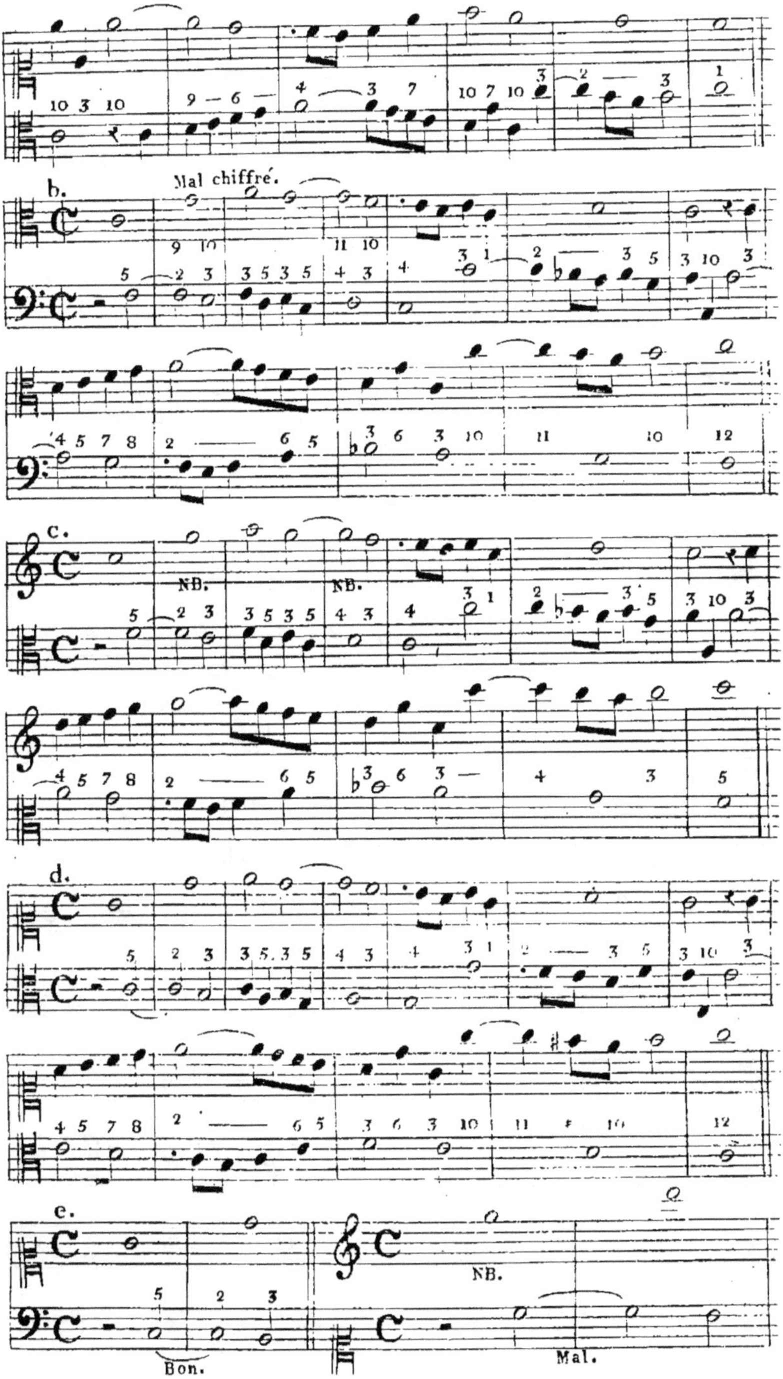
b.
Mal chiffré.
c.
NB.
NB.
d.
e.
NB.
Bon.
Mal.

293.

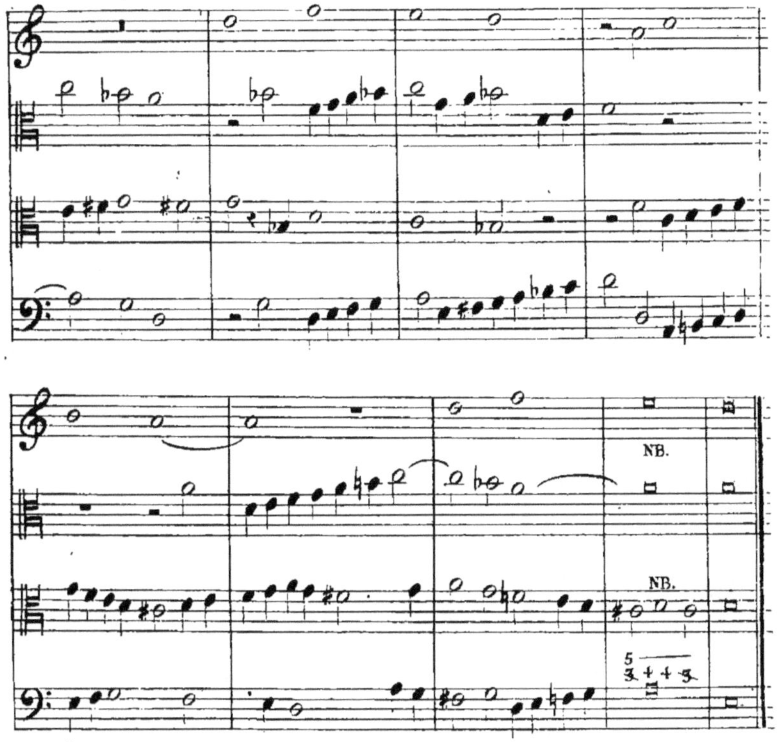

294*

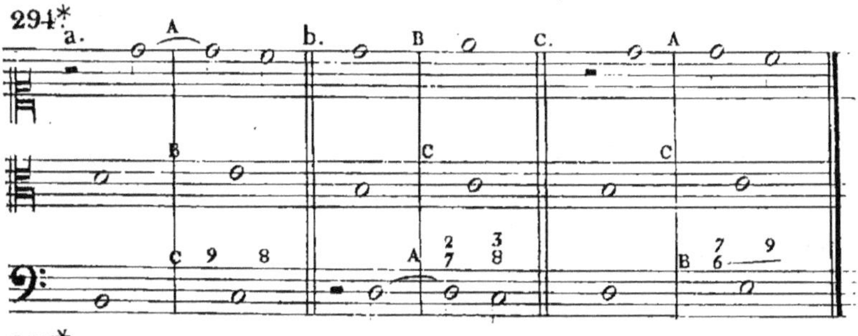

295*

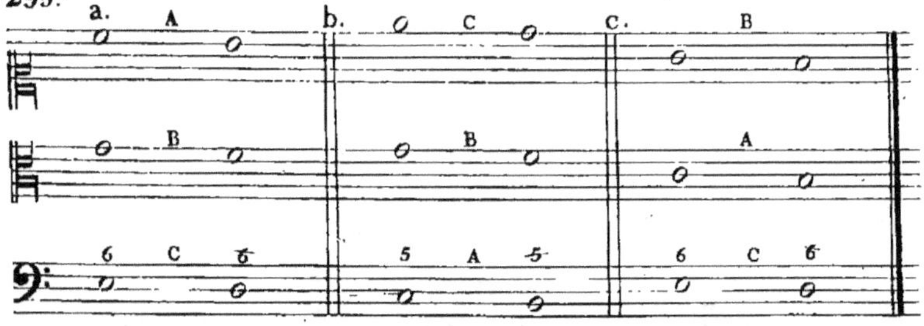

296.

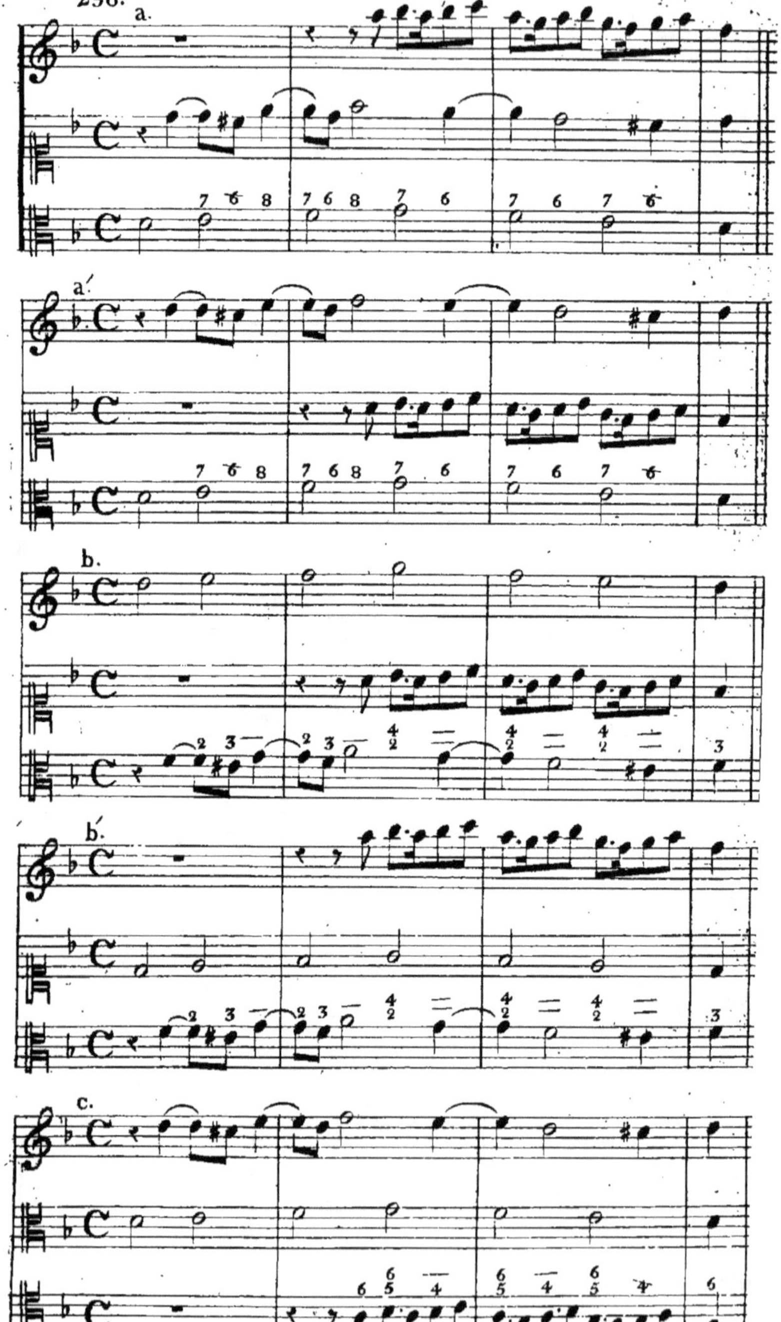

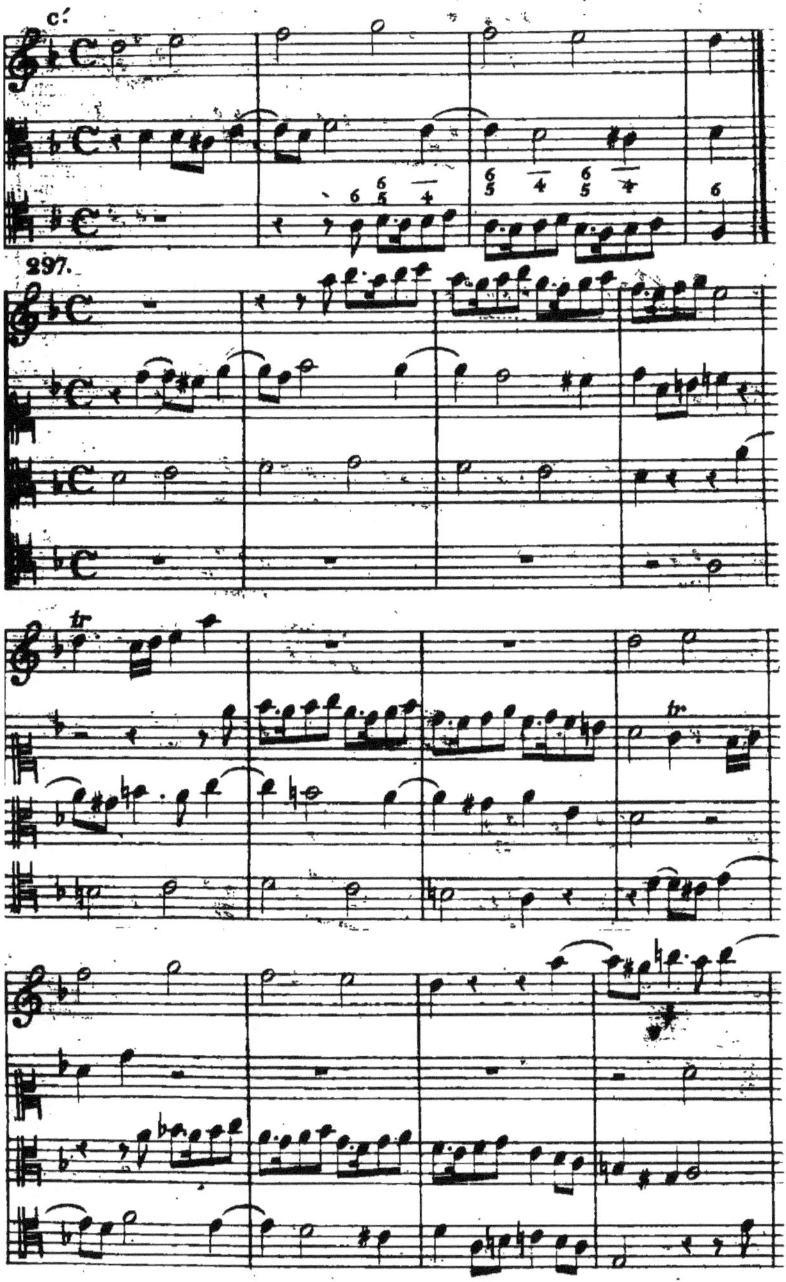
c:
297.

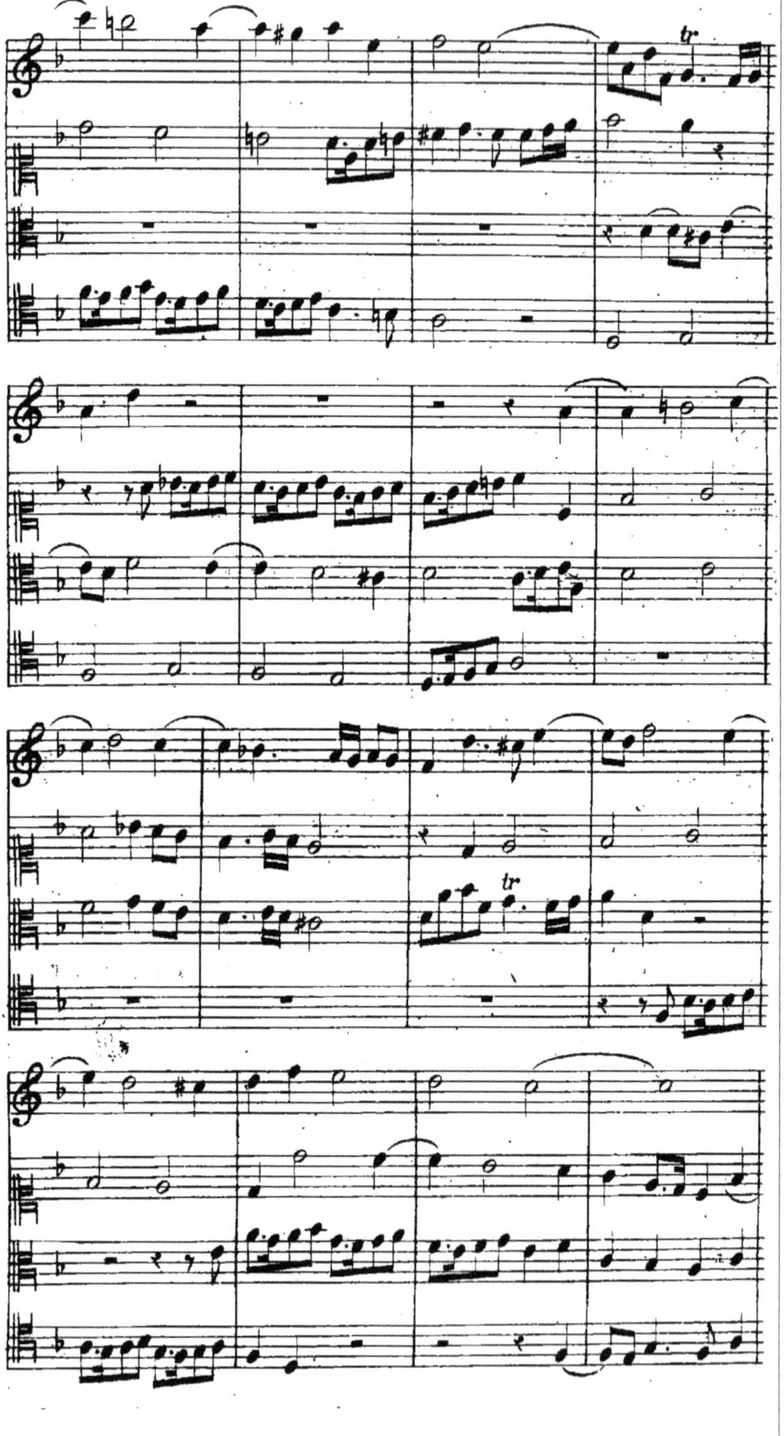
tr
tr

298. a.

b.

c.

d.

174

e.

f.

NB.

299.

Vir — gam vir — tu — tis tu — — ae e—mit — tet

Vir — gam vir — tu — tis tu — —

NB.

Do — mi—nus ex Si — — on ex Si — on ex Si — — on

—ae e—mit — — tet Do — mi—nus ex Si — — on ex Si — — on

300.

301.

302.

303. a.

Vir - gam vir - tu - tis   tu - - ae e - mit -

Vir - gam vir - tu - tis   tu - - ae e - mit - - tet

-tet Do - mi - nus ex Si - - on ex Si - - on

Do - mi - nus ex   Si - - on ex   Si - - on

b.

Vir-gam vir - tu-tis tu - ae e - mit - tet Do - mi - nus ex

Vir - gam vir - tu - tis   tu - -

Si _ _ on ex Si _ on.

ae e _ mit _ tet Do _ mi _ nus ex Si _ on ex Si _ on.

c.

Vir _ gam vir _ tu _ tis tu _

Vir _ gam vir _ tu _ tis tu _ ae e _ mit _ tet Do _ mi _ nus ex

_ ae e _ mit _ tet Do _ mi _ nus ex Si _ on ex Si _ on.

Si _ on ex Si _ _ on.

d.

Vir _ gam vir _ tu _ tis tu _ ae e _ mit _ _ tet

Vir _ _ gam vir _ tu _ tis tu _ _ ae e _ mit _

Do _ mi _ nus ex Si _ on ex Si _ on.

_ _ tet Do _ mi _ nus ex Si _ _ on ex Si _ on.

e.

Vir _ gam vir _ tu _ tis tu _ ae

Vir _ gam vir _ tu _ tis tu _ _ ae e _ mit _ tet

e'.

Vir _ _ gam vir _ tu _ tis tu _ ae

Vir _ gam vir _ _

f.

Vir-gam vir-tu-tis tu — æ e-mit — tet Do-mi-nus ex

Vir — gam vir-tu-tis tu — æ e-mit —

Si — on ex Si — on.

— tet Do — mi — nus ex Si — on ex Si — on.

g.

Vir-gam vir-tu-tis tu — æ e-mit — tet Do-mi-nus ex

Vir — gam vir-tu-tis tu —

Si — on ex Si — on.

— æ e-mit — tet Do-mi-nus ex Si — on ex Si — on.

304.a.

Chic-do per-do — no a voi Si-gno-re a

In — de-gno so — no son pec-ca-

Mau — re — lio ma-la-va — si

voi a voi Si — gno — re.

— to — re son pec-ca-to — re.

col — mo col — mo d'er-ro — re.

Chie _ do per _ do _ no a voi Si-gnore a voi a voi

Si _ gno _ re in _ _ de gno so _ _ no son pec_ca_

Chie_do per_do _ no a voi Si-gno _ re a

_ to _ re son pec-ca-to _ _ re mau _ re _

voi a voi Si _ gno _ _ re in _ _ de-gno

Chie_do per _ do _

_ lio ma_la_va _ si col _ mo col _ mo d'er _ ro _

so _ _ no son pecca _ to _ re son pec_ca_to _ _

_ no a voi Si-gno_re a voi a voi Si _ gno _

NB.

_ re. Chie_do per _do _ no a voi Si-gno _ re a voi a voi

_ re mau _ re _ lio ma_la_va _ si col _ mo

_ re in _ _ degno so _ _ no son pec_ca _ to _ re

Si - gno — re in - degno so — no son pecca-

col - mo d'er.ro — re.Chiedo per-do — no a voi Si-gno-re a

son pecca-to — re mau - re - lio ma la-va si

_ to — re son pec-ca-to — re.

voi a voi Si - gno - - re.

col - mo col - mo d'er-ro - re.

Chie-do per-do - no a voi Si-gno-re a voi a voi

Si-gno - re in de-gno so-no son pec-ca-to - re

son pec-ca-to - re. Mau-re-lio ma-la-va-si

col - mo col - mo d'er-ro - re.

305. a.

180

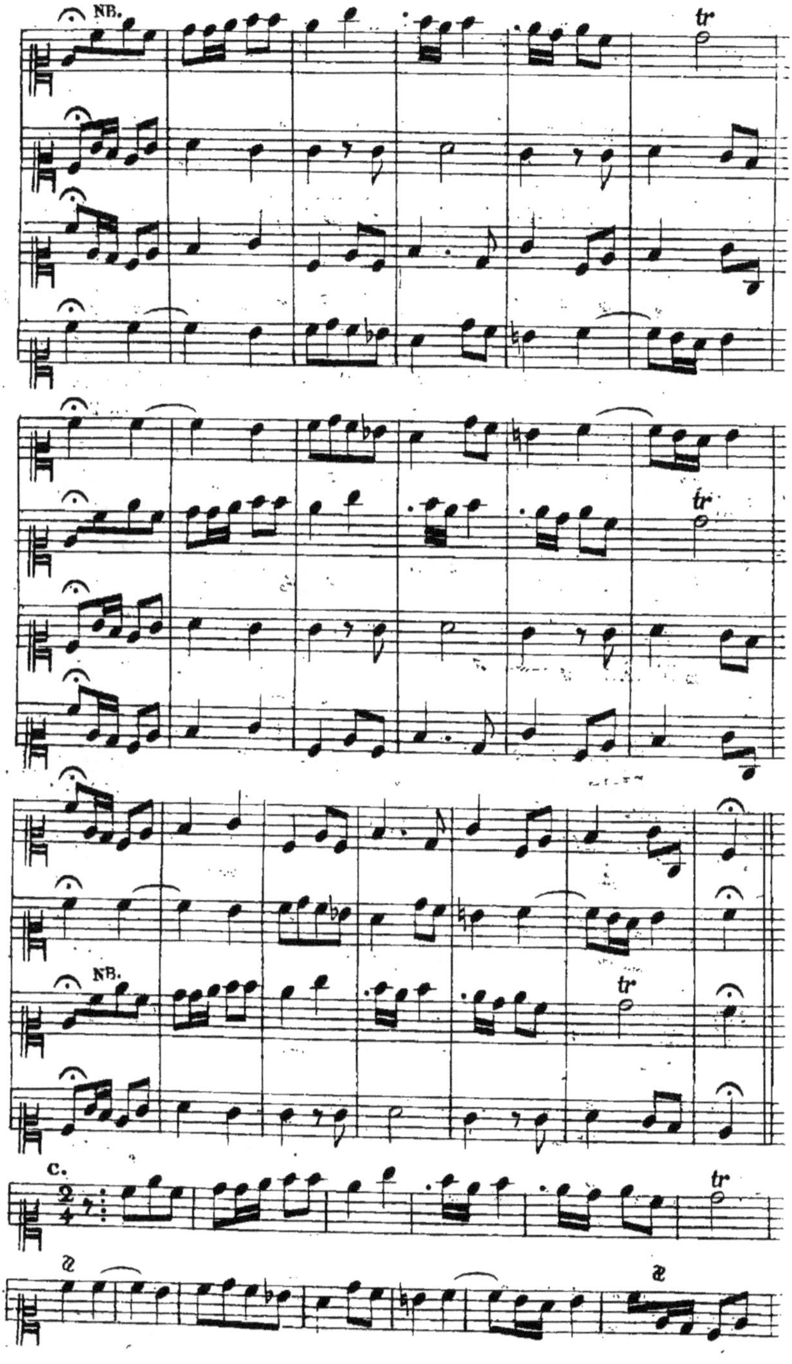
NB.
tr
tr
NB.
tr
C.
tr

182

306.
Je suis un fou ma _ dame où me lo _ ge _ rez _ vous?

nous sōmes deux fous ma _ dame où nous lo _ ge _ rez _ vous?

nous sōmes trois foux ma _ dame où nous lo _ ge _ rez _ vous?

307.
Tur _ nus de _ scen _ det ad in _ fe _ ros.

308.
Tur _ nus de _ scen _ det ad in _ fe _ ros ad in _ fe _ ros.

309.

310.

311.

5

8

312.

5

8   12

313.

Be - ne - di - ctus qui ve - nit qui
Be - ne - di - ctus qui ve - nit
Be - ne - di - ctus qui
Be - ne - di - ctus
ve - - nit in no - mi - - ne Do - mi -
qui ve - - nit in no - mi - ne
ve - nit qui ve - - nit in
qui ve - nit qui ve - - - - nit
- ni be - - ne - di - - ctus
Do - mi - ni be - - ne - di - ctus
no - mi - ne Do - mi - ni be - - ne -
in no - mi - ne Do - mi - ni be - -
qui ve - - - - nit ve - nit in
qui ve - - - - nit ve - nit
- di - ctus qui ve - - - -
- ne - di - ctus qui ve - -

no - mi - ne Do - - - - - mi - ni
in no - mi - ne Do - - - - - - mi -
- nit ve - - nit in no - mi - ne Do - -
- - nit ve - nit in no - mi - ne Do - -
no - - - - - - mi -
- ni no - - - - -
- - mi - - no
- - - mi - ni no - -
- ne Do - mi - ni be -
- mi - ne Do - mi - ni
- - - - mi - ne Do - mi - ni
- - - - mi - ne Do - mi -
- ne di - ctus qui ve - -
be - ne - di - - ctus qui
be - ne - di - - ctus
- ni be - ne - di - - ctus

nit
ve nit
qui ve
qui ve
qui ve nit in no mi ne in
qui ve nit in no mi ne
nit qui ve nit in
nit qui
no mi ne in no
in no mi ne in
no mi ne in no mi
ve nit in no mi ne in no
mi ne Do mi ni.
no mi ne Do mi ni.
ne Do mi ni.
mi ne Do mi ni.

314. Del Prenestino. autrem^t. Palestrina.

A _ gnus De _ i qui tol _ lis pec _

A _ gnus De _ i qui tol _ lis pec _ ca _ ta pec _

A _ gnus De _ i qui tol _ lis pec _ ca _ ta pec _ ca _ ta

Agnus De _ i qui tol _ lis pec _ ca _

A _ gnus De _ i qui tol _ lis pec _ ca _

_ ca _ ta mun _ di

_ ca _ ta mun _ di do _ na no _ bis pa _

mun _ di do _ na no _ bis pa _ cem

_ ta mun _ di

_ ta mun _ di

do _ na no _ bis pa _

_ cem pa _ _ cem do _ na no _ bis pa _

pa _ _ cem do _ na no _ bis pa _ _

do - na no - bis pa - - - - -
do - na no - bis pa - - - - - - -
- - - - cem pa - cem
- - - - cem do - na no - bis pa - - -
- - cem do - na no - bis pa - - - - cem
- - cem pa - cem
- cem pa - cem do -
do - na no - bis pa - - - - - - -
- cem pa - - - cem do - na no - bis pa - - -
pa - - - - cem do - na no - bis pa - - - - -
do - na no - bis pa - - - - - cem
- na no - bis pa - - - - - cem
- cem do - na
- - cem do - na no - - - - bis pa - - cem
- cem do - na no - - - - bis pa - - cem do -

do - na no -
do - na no - bis
no - - bis pa - - - - - cem pa - cem
do - na no - bis pa - cem do - na
- na no - bis pa - - cem do - na no -
- bis pa - - - - - cem pa - - cem
pa - - - cem pa - cem
do - na no - bis
no - bis pa - - - cem pa - - cem do - na
- bis pa - - cem pa - cem do - - na no -
do - na no - bis pa - -
do - na no - bis pa - - - -
pa - - - cem do - na no - - bis pa - -
no - bis pa - - - cem do - na no - - -
- bis pa - - - cem do - - na no - - - - bis

315.

190

-cto tri-bus ho - nor u - - nus tri-bus ho - nor
-cto tri-bus ho - - nor ho-nor u - - nus tri - bus
-cto tri - bus ho - nor u - nus
tribus ho - nor u - nus tri-bus
tri-bus ho - nor u - nus A - - men.
ho - nor u - nus A men A men.
tri-bus ho - nor u - nus A - - men.
ho - - nor u - nus A - men A - - men.
316.
8
8 5 3 8 5 3 5 3 1

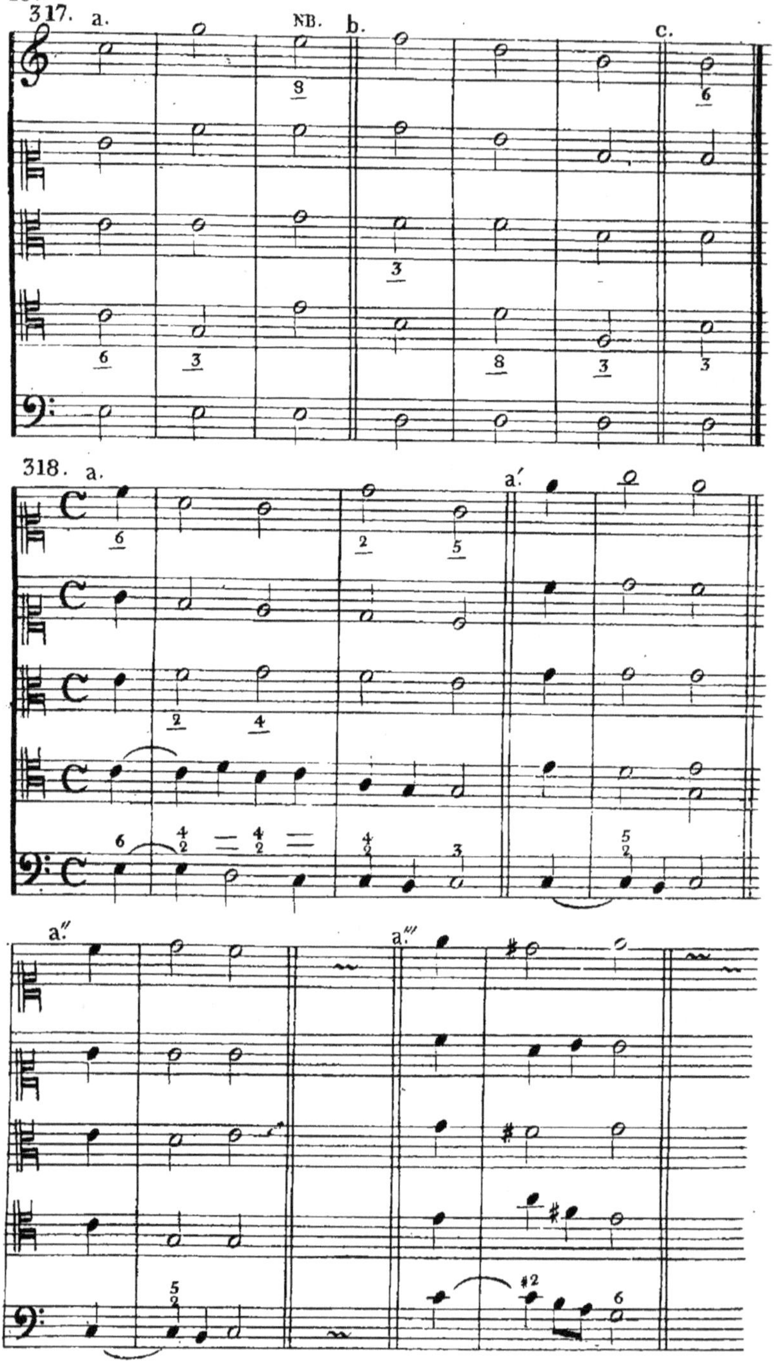
317. a.
NB.
b.
c.
318. a.
a′
a″
a‴

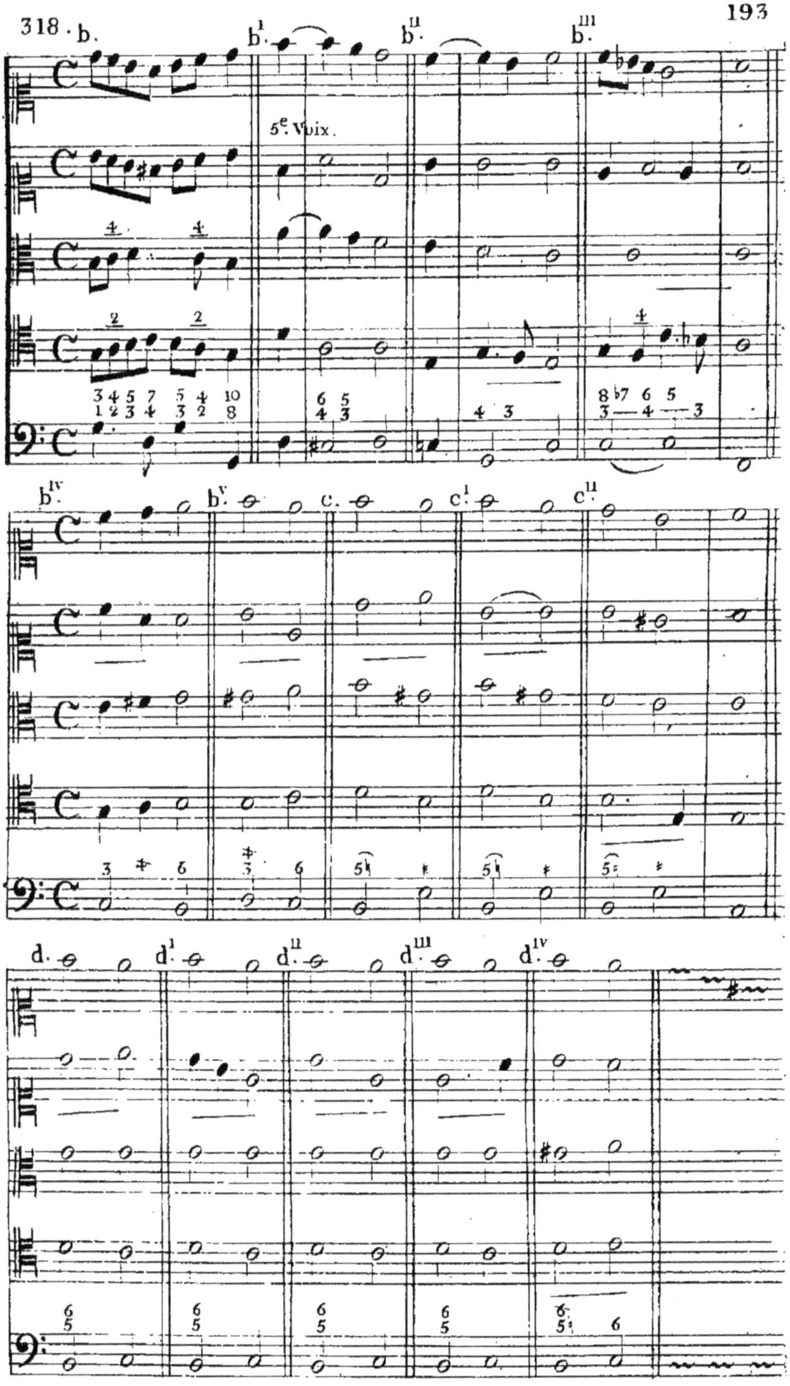
318 . b.
5e. Voix.

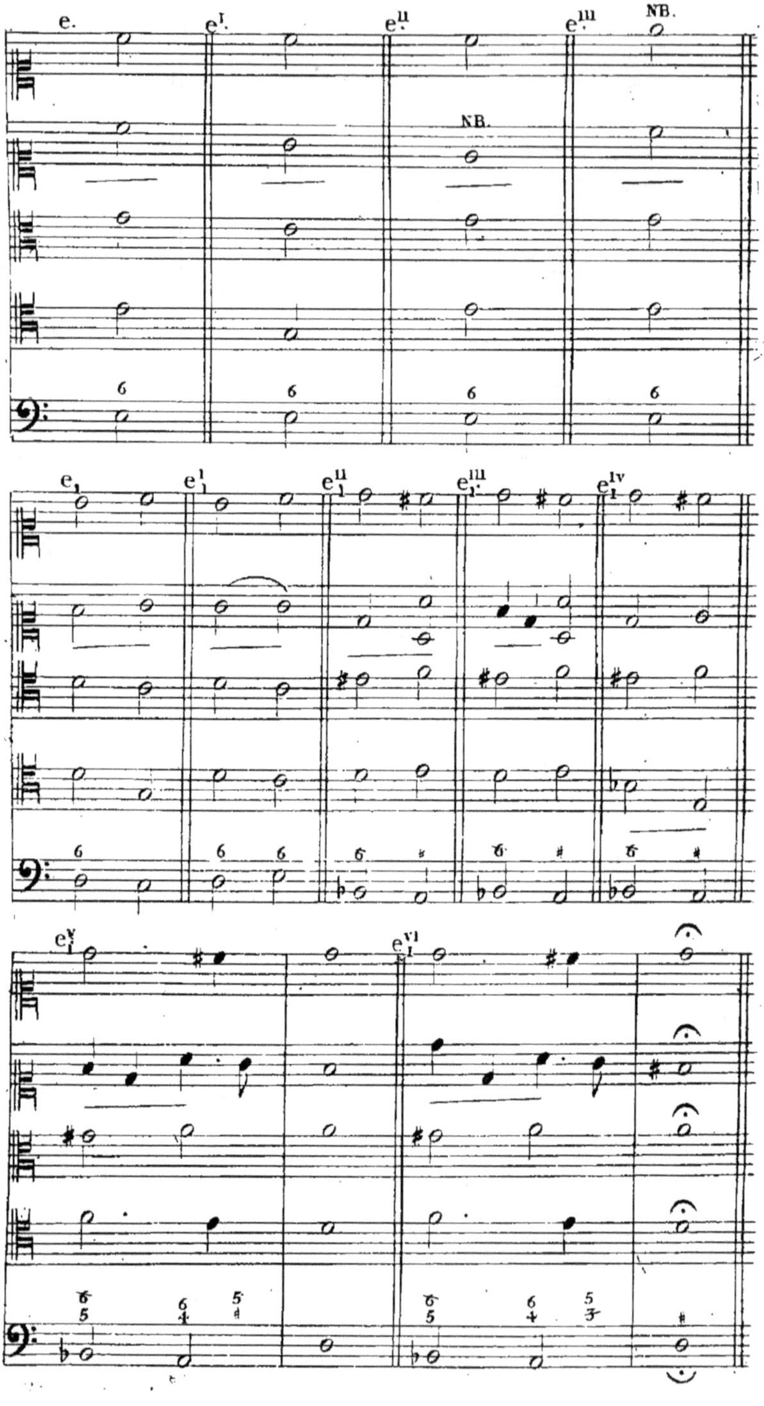
e.
eI.
eII
eIII
NB.
NB.
e1
e1
e1II
e1III
e1IV
e1V
e1VI

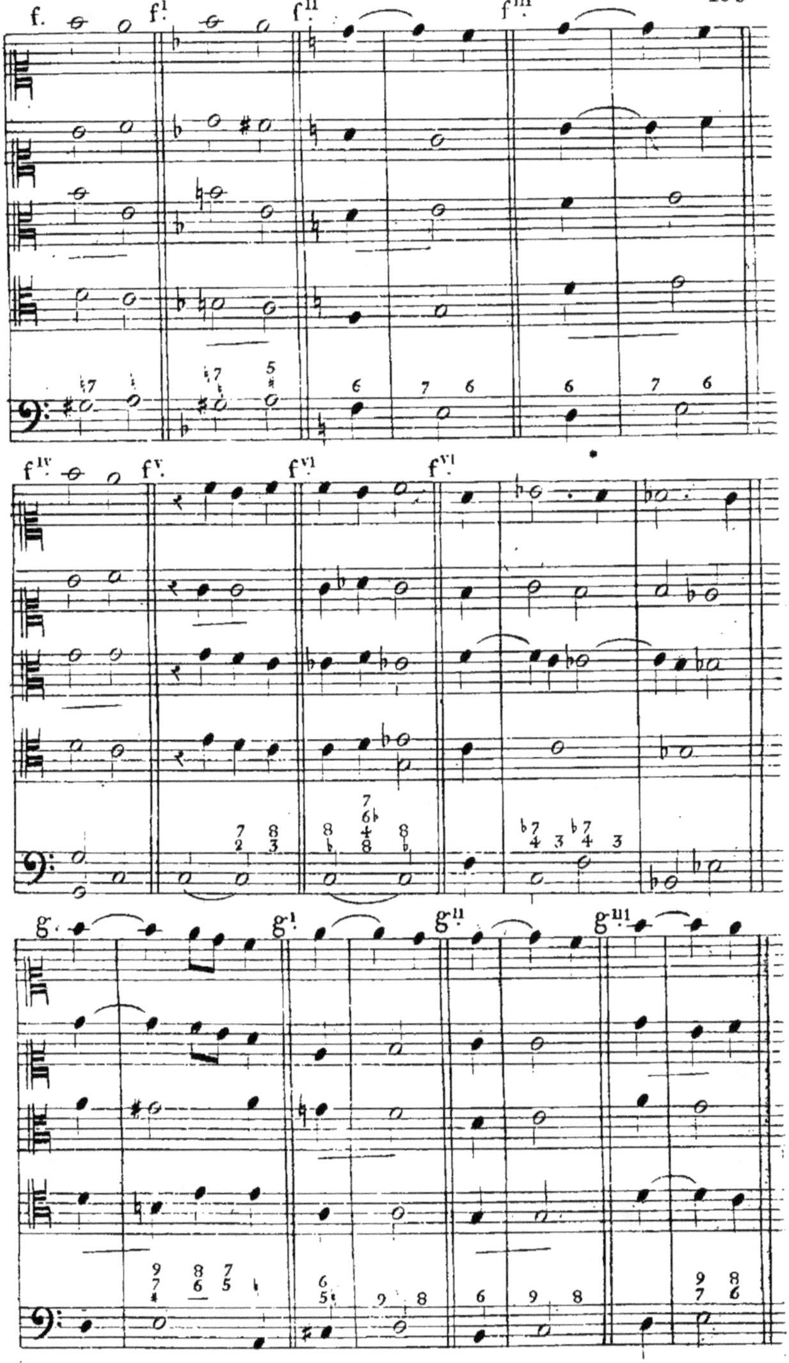
f.
f.I
f.II
f.III
f.IV
f.V
f.VI
f.VI
g.
g.I
g.II
g.III

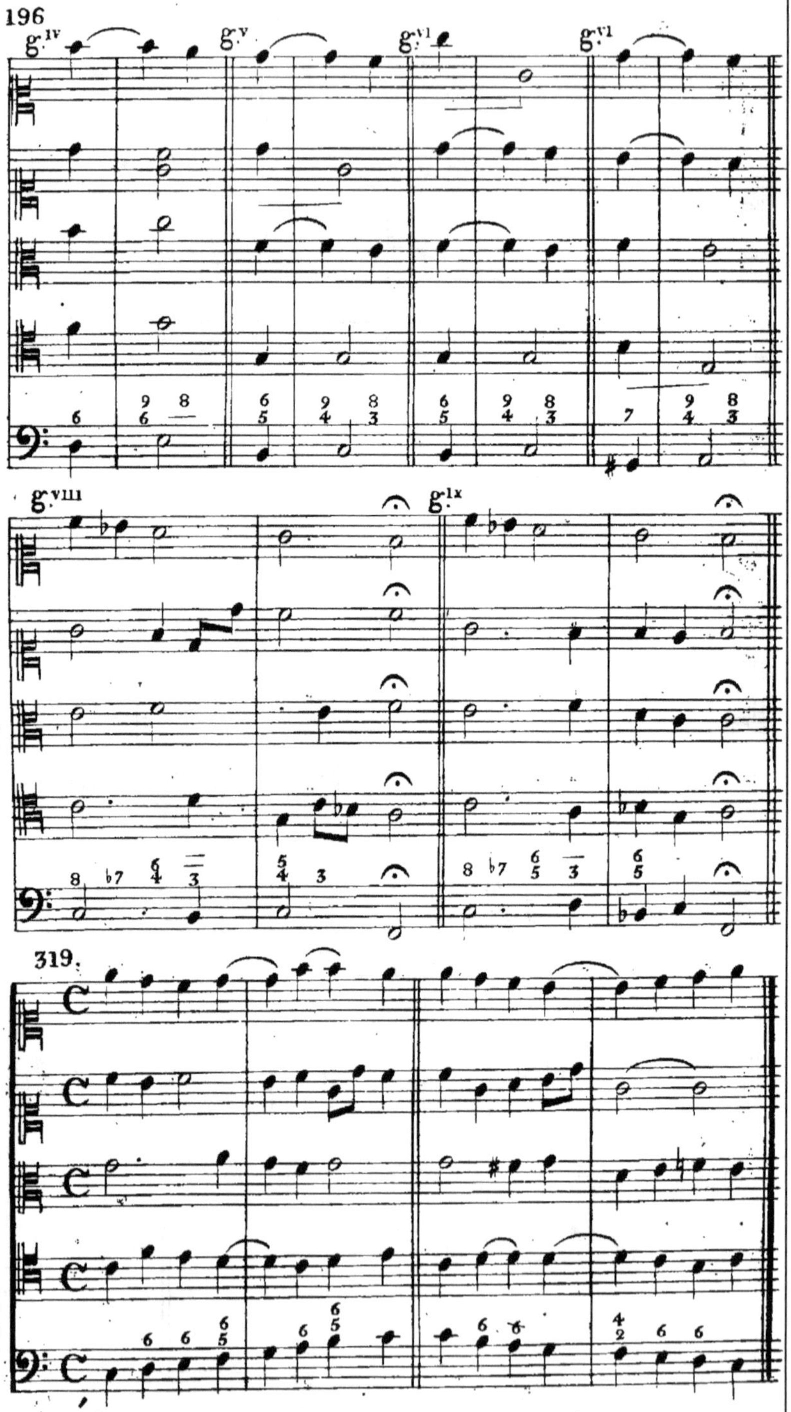
196
g.IV
g.V
g.VI
g.VI
g.VIII
g.IX
319.

320.

321.

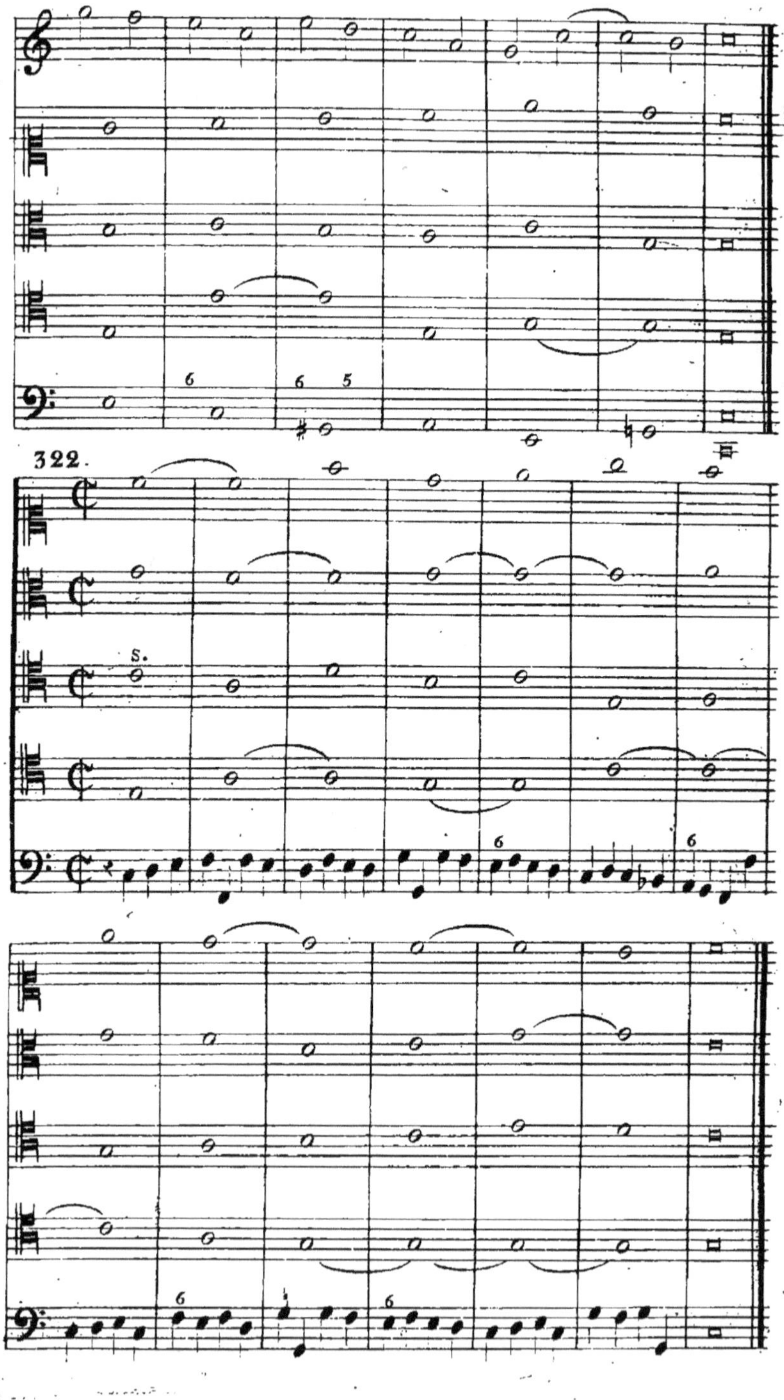
322.
S.

323.

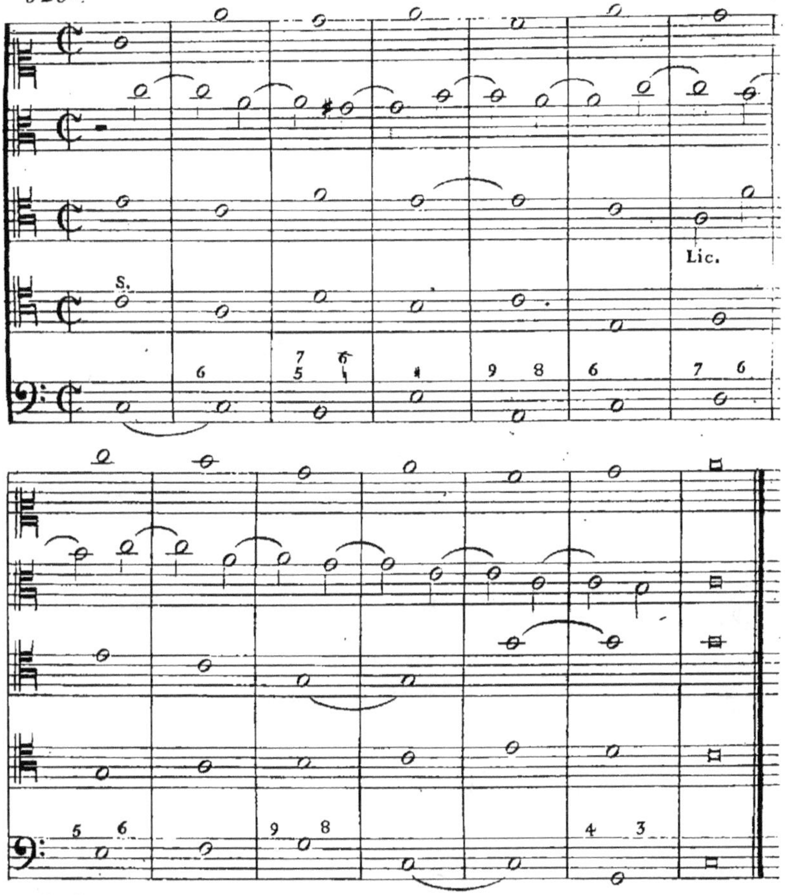

324. a

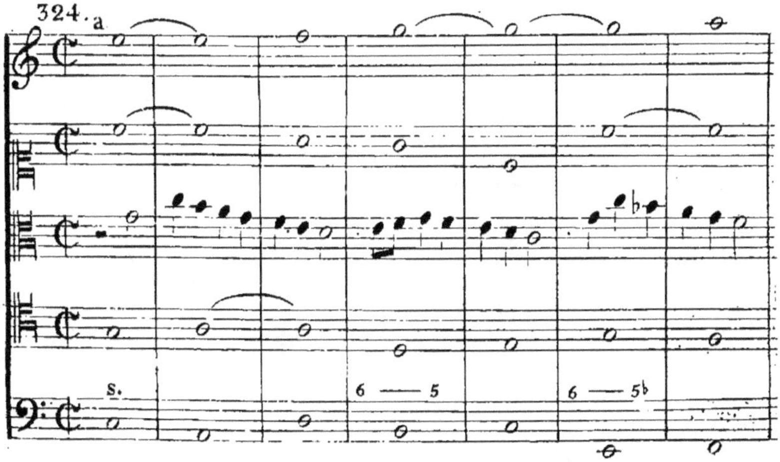

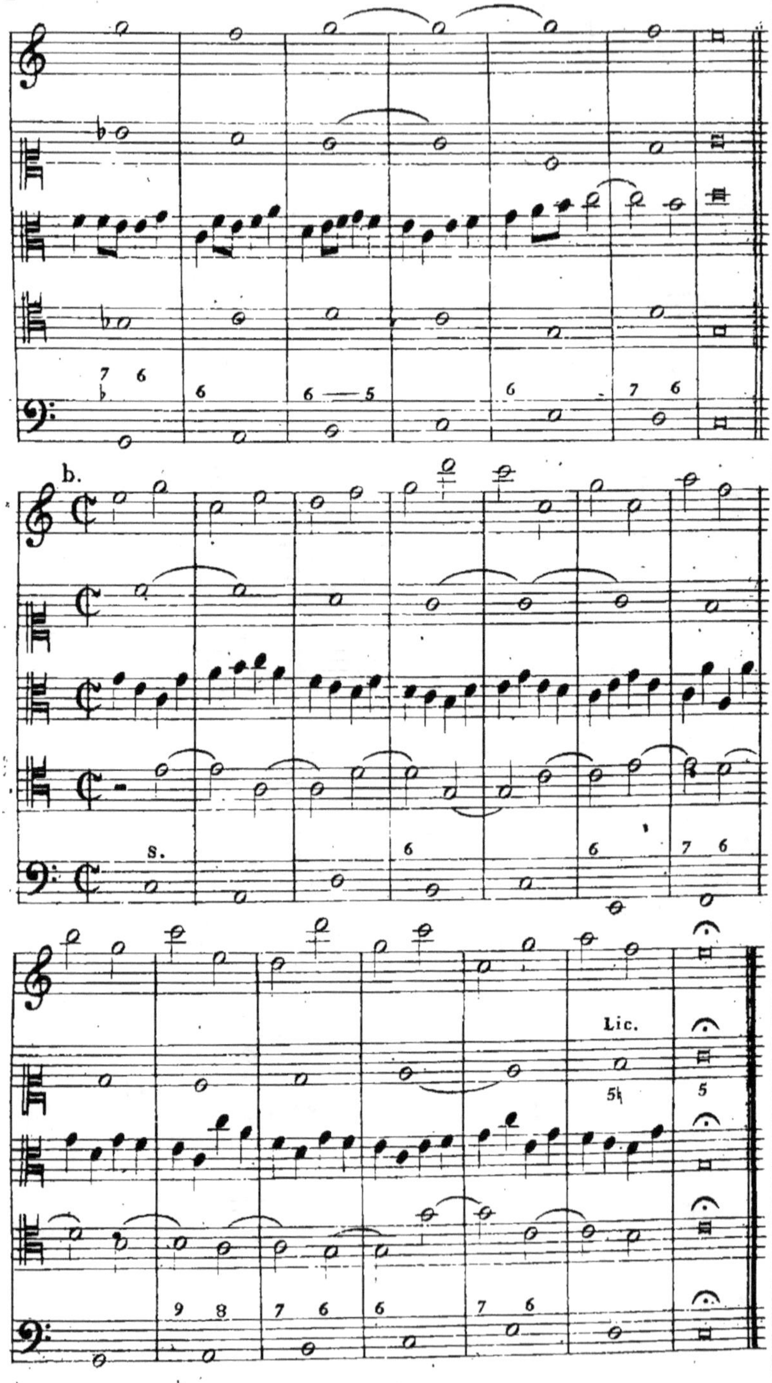
b.
s.
Lic.

325.
326. A B C D E F G a d f a d f
a a a a a a
6 5 4 a a a a
327.
328.
329. Sous basse de 16 pieds
Grosse basse
8 pieds
Petite basse
c
à une barre.
c cis
à deux barres.
c
à trois barres.
c
330. a.
ou.

b.
c.
331. a. en ut.
b. en ut.
c. en si.
d.
e. en si♭.
f.
g. en la.
h.
i. en sol.
j.
k. en ré.
l.
a'
b'
c'
d'

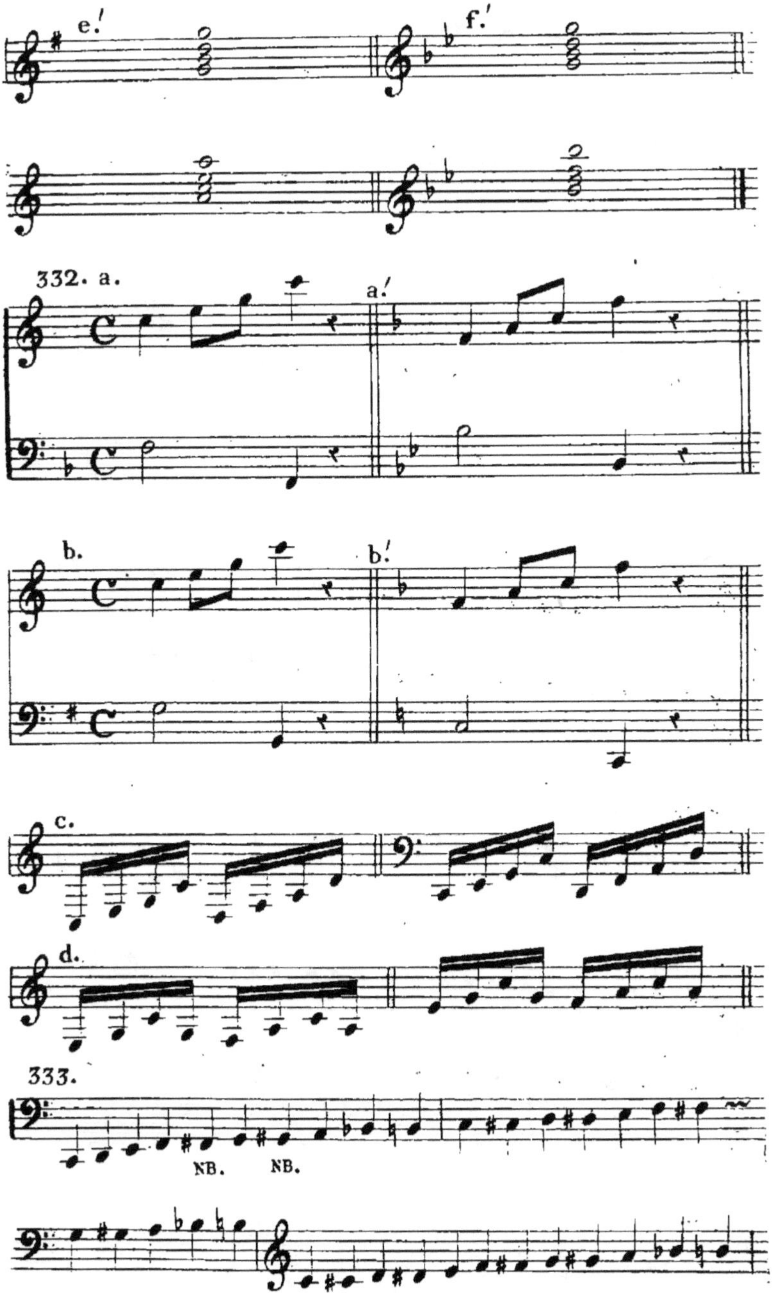
e.'
f.'
332. a.
a.'
b.
b.'
c.
d.
333.
NB.
NB.

C.

Rare.

Très rare.

334.

335.

336. a.   b.

337. a. **b.**

338.

339. a.

NB. NB. NB.

NB.

b. **c.**

340.

NB. NB.

NB. NB.

341. a.

NB. NB. NB.

NB. NB. NB.

NB.

b.
NB.
NB.
NB.
NB.
NB.
NB.
NB.
NB.
c.
NB.
NB.
NB.
NB.
NB.
NB.
NB.
NB.
342.
343.a.
b.
+
344.
NB.
NB.
NB.
NB.
NB.

345.

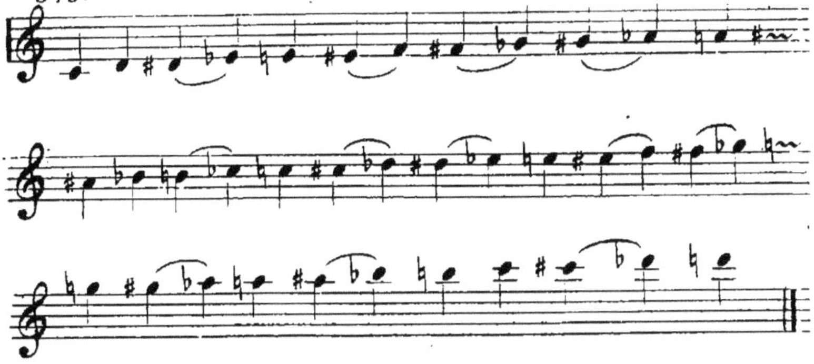

346.

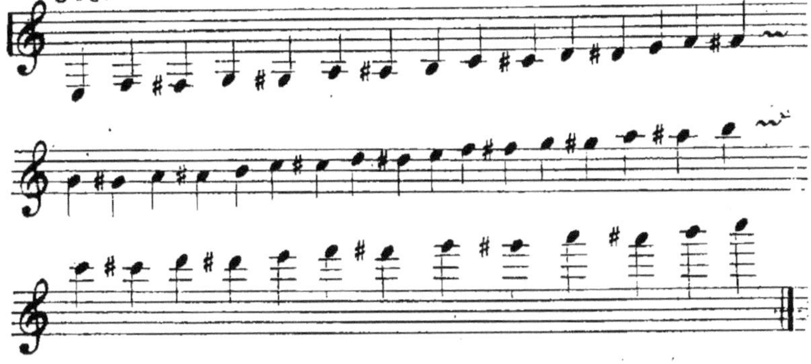

347.

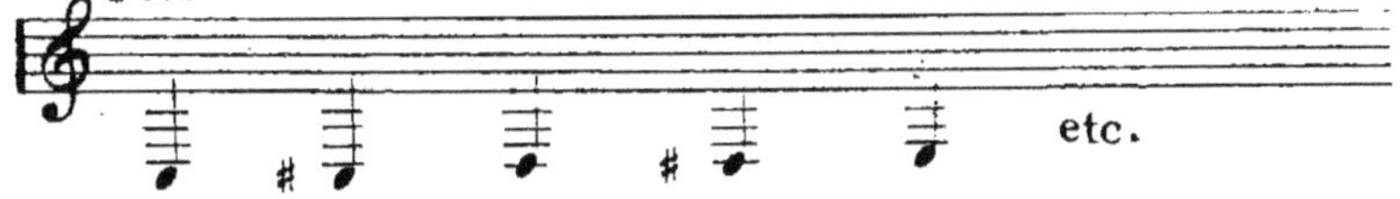

348.

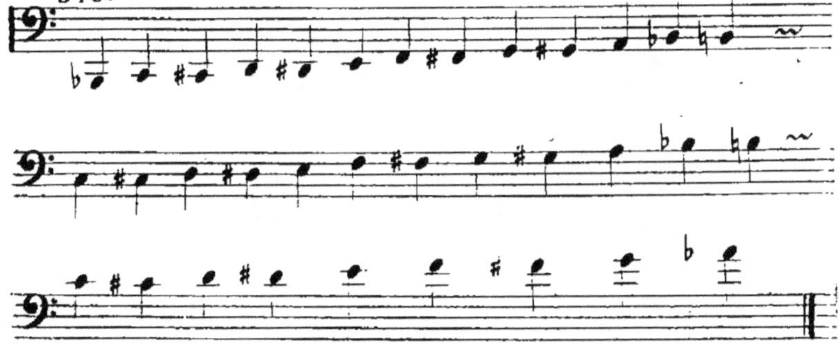

208

Fin.

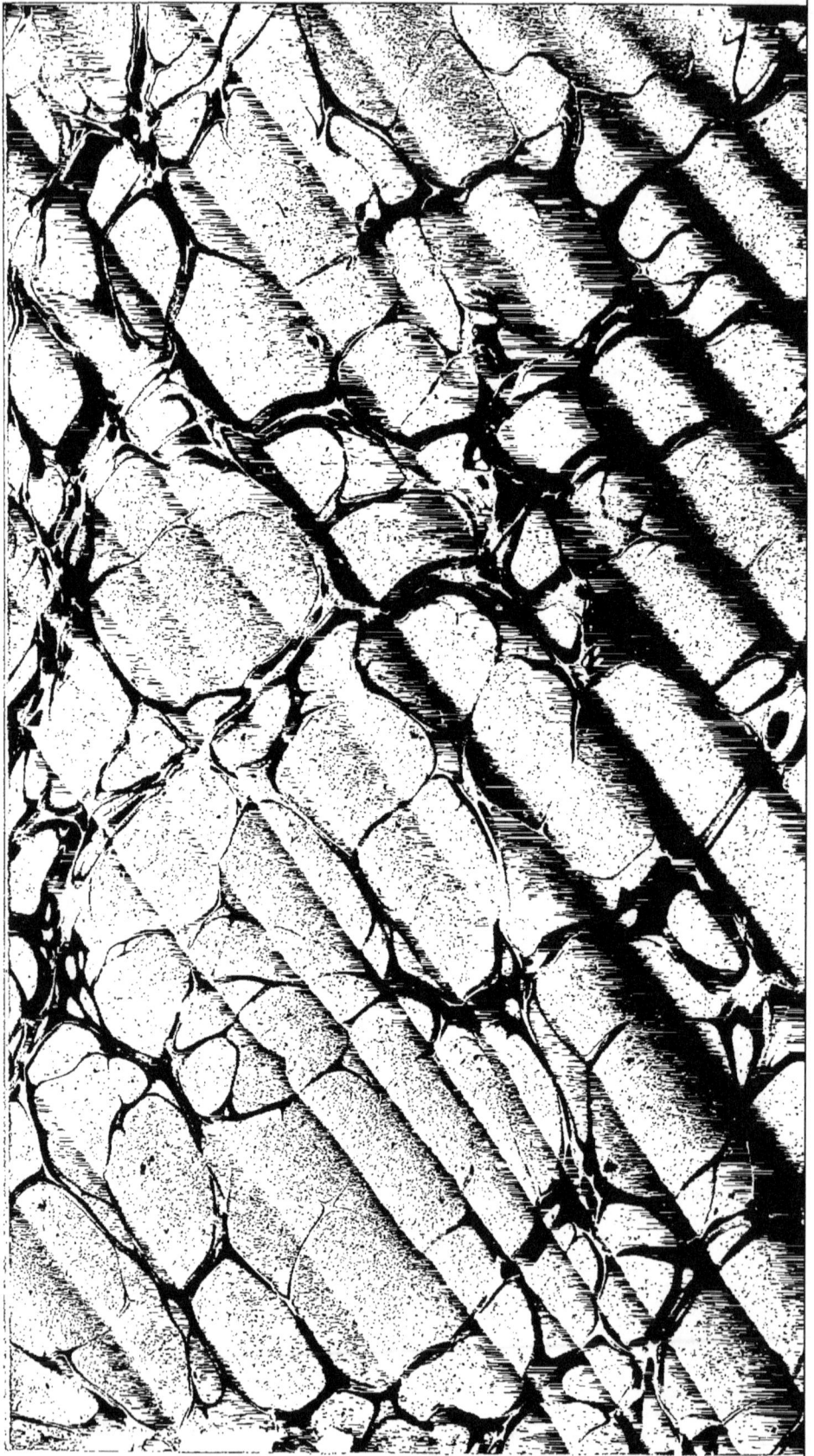

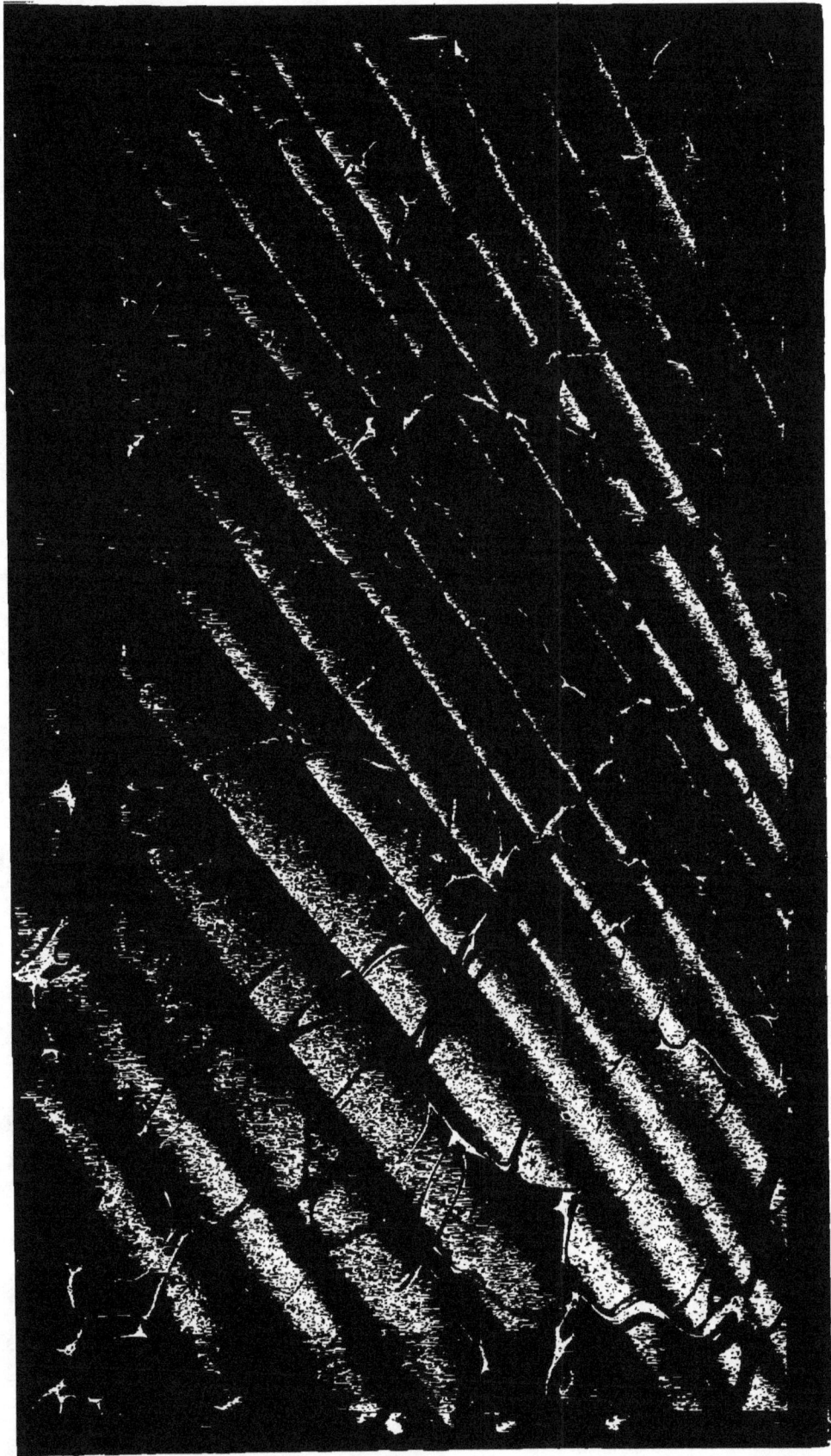